KB050101

마이너리거를 위한 철학 여행

내 삶의 주인이 되기 위한 8가지 질문

마이너리거를 위한 철학 여행

최준호 지음

책세상

:: 차례

:: 차례

 2부 | 어떻게 살 것인가

지혜의 근육을 키우는 철학 산행

철학은 헤아릴 수 없이 많은 기묘한 봉우리를 가진 거대한 산이다. 그 산에는 지금 이 순간에도 새로운 봉우리가 계속 생겨나고 있다. 또 앞으로도 계속 생겨날 것이다. 각 봉우리들은 다른 어떤 봉우리도 자기만 못하다면서 저마다 자태를 뽐낸다. 물론 경우에 따라 어떤 봉우리가 그보다 작은 봉우리를 자연스럽게 품고 있기도 하다. 또 더 큰 봉우리에 다소곳이 안겨 있는 것처럼 보이는 경우도 있다. 대개는 그렇지 않지만 말이다.

겉으로 봐서는 수많은 봉우리들로 둘러싸인 그 산의 맥을 짚을 수가 없다. 그렇지만 고수들은 그 맥을 잘 알고 있다. 오랜 수련을 거친 뒤에는 미세한 맥까지도 짚어낸다. 그들은 그 맥을 따라 이 봉우리에서 저 봉우리로 옮겨 다니며 더욱 높은 경지의 수련을 쌓는다. 오랫동안 그런 과정을 거치다 마침내는 새로운 봉우리를 개척하곤 한다. 그렇게 철학의 영역은 계속 확장된다.

그러나 그들은 좀처럼 산 아래로 내려오지 않는다. 산 밑에 있는 사람들에게 별로 관심이 없다. 그 산에 오르고 싶어 하지만 험준한 탓에 번번이 실패하는 사람들을 위해서 산행로를 내는 일에도 무신경하다. 오히려 과감하게 길을 낸다고 하는 사람들을 경계하기 일쑤이다. 그러다 산을 훼손하지나 않을까 민감하게 신경을 곤두세우곤 한다. 그런 민감함은 고수들의 필수 덕목인지도 모른다.

철학 산행, 지적 만족을 위해 필요한가?

나는 30년 전부터 철학이라는 산의 언저리에서 살아왔다. 그리고 20년 전부터는 그 산의 몇몇 봉우리를 올라봤다. 그때의 기분은 정말 말로 다 표현하기 어렵다. 이런 얘기를 한다고 내가 고수라는 말은 아니다. 결코 아니다. 겉으로 봐서는 알 수 없지만 맥이 흐르고 있다는 것 정도만 어렴풋이 알 뿐이다. 그런 내가 일을 내기로 했다. 고수들의 따가운 눈총을 받게 될지도 모를 일을 벌이기로 한 것이다. 반드시 산을 올라야 하는데도 길을 몰라 산 밑에만 머무르는 사람들을 위해서 몇몇 봉우리로 향하는 산행로를 내기로 마음먹었다.

요즘 같은 사회 분위기에서 자발적으로 철학이라는 산에 오르려는 사람을 발견하기란 쉽지 않다. 사람들에게 그 산의 영묘함에 대해서, 그리고 여러 봉우리를 올랐을 때의 기쁨에 대해서 온갖 미사여구를 섞어가며 얘기하더라도 효과를 기대하기란 여간 어렵지 않다. 심지어 대학에서조차 이런 상황은 어제 오늘의 일이 아니다.

물론 근자에 들어서서 그런 상황을 극복해야 한다는 목소리도 제법 커지고 있다. 철학을 위시한 인문학 학습을 강화해야 한다는 것이다. 철학을, 인문학을 교양 필수로 지정해서라도 말이다. 그런 교육의 현장에 서게 된 지 2년가량이 지났다. 혼신의 힘을 다해 가르쳐봤지만, 어찌 된 일인지 학생들은 선뜻 내게 가까이 다가오지 않았다.

그러던 어느 날 문득 깨달았다. 강의실에 들어와 있는 학생들의 문제가 주 텍스트가 되고, 철학과 인문학은 주 텍스트를 이해하기 위한 보조 텍스트가 되어야 한다는 생각이 퍼뜩 든 것이다. 생각이 여기에 미치자, 학생들이 가장 심각하고도 중요하게 느끼는 문제가 뭔지를 묻지 않을 수 없었다. 어느 정도 예상했던 대로 대부분의 학생들이 진로 문제, 학교·학과 부적응 문제 등으로 얕은 숨을 몰아쉬고 있었다. 그래서 곰곰이 따져봤다. 거기에 오르면 얕은 호흡을 깊게 만들어주는 철학의 봉우리들이 있는지를. 분명 그렇다는 확신이 들자 미적댈 수가 없었다. 산행로를 내기로 맘먹고, 곧바로 실행에 옮겼다.

깎아지른 비탈길엔 계단을 만들었고, 위험천만한 괴석이 늘어선 곳엔 힘들면 잡고 가라고 튼튼한 동아줄을 단단히 매놓기도 했다. 또 너무 힘들면 쉬어가라고 곳곳에 쉼터도 꾸며놨다. 그리고 그 쉼터에 우리 가족들의 소소한 일상사를 적어놓았다. 축구와 록음악에 너무 심취해서 가끔 날 우울하게 만들기도 하지만 매사에 성실하고 꾸준해서 종종 극적인 반전의 기쁨을 선사해주는 고등학교 1학년이 된 큰애. 순간 집중력만은 누구에게도 뒤지지 않고, 내 기분이 별로다 싶으면 어느새 슬그머니 다가와 재롱도 떨 줄 알지만, 지우개똥을 너무 많이 만들어놔서 나와 가끔 실랑이를 벌이는 초등학교 6학년인 작은애. 17년 동안 한결같은 모습으로 나의 차분한 멘토이자 열렬한 서포터가 되어준 아내. 이들의 얘기를 담아보았다.

일을 진행하다 보니 점점 배짱 아닌 배짱도 생겼다. 의도적으로 영묘한 산을 훼손하려는 건 아니지만 설사 훼손한다 해도 크게 걱정할 필요가 없다는 생각이 든 것이다. 내가 좀 흠집을 내고 훼손한다고 해서 철학이라는 산이 복원 불능의 상태에 빠지진 않을 거라는 생각이 들었다. 아니 어떤 면에서 철학은 그렇게 훼손되고 복원되는 과정에서 자기 모습을 더 분명하게 드러내는 것이 사실이다.

일단 첫걸음이 중요했다. 생각보다 일사천리로 일이 진행됐다. '나름대로 내공이 쌓인 탓인가?'라는 생각에 흐뭇했다. 이대로만 진행된다면 문제가 없겠다 싶었다. 다섯 개의 봉우리를 생각했다. 그리고 밤잠을 설쳐가며 작업을 했다. 혼신의 힘을 다 쏟아부었다. 힘이 부쳐 헉헉 소리가 나올 즈음 애초에 계획했던 산행로의 전체 윤곽이 모습을 드러냈다. 하지만 알량한 내공에 자만했던 모양이다. 죄다 투박하고 어쭙잖아 보였다. 좀 더 섬세하게 하나하나 손을 봐야겠다고 마음먹었다.

그때였다. 산행로를 몇 개 더 만들지 않으면 앞선 다섯 개의 산행로 역시 빛을 발하기 어렵다는 얘기가 들려왔다. 주저앉고 싶었다. 그렇지만 그냥 주저앉으면 다시는 일어서지 못할 것만 같아 다시 젖 먹던 힘까지 짜내기 시작했다. 매일 새벽 침대에서 굴러떨어졌다. 힘에 부치는 일을 할 때면 나타나는 꽤 오래된 일종의 습관이었다. 다행히 그동안 숨이 멎지는 않았다. 세 개의 산행로를 더 추가했다. 그렇게 해서 총 여덟 개의 봉우리로 향하는 길을 꾸며놓았다.

여전히 투박하기 이를 데 없는 산행로다. 게다가 형식이 제각각이다. 어떤 산행로엔 계단과 지지대 그리고 쉼터가 적절히 배치되어 있는가 하면, 다른 산행로엔 단지 계단만 있다. 어떤 산행로 계단은 큰 자갈로 만들어졌는가 하면, 또 다른 산행로 계단은 전부 나무로만 돼 있다. 모든 산행로의 형식을 통일해야겠다고 잠깐 생각했다. 하지만 그럴 경우 자연스럽지 못할 것 같다는 생각이 들었다. 들쑥날쑥 투박해 보여도 그대로 두는 편이 훨씬 낫겠다는 생각을 하게 된 것이다. 그래야 각 봉우리의 특성을 제대로 살릴 수 있을 테니까.

여덟 봉우리로 향하는 산행로 안내

여하튼 여기에 마련된 산행로를 따라 여덟 개의 봉우리에 오르려는 사람들에게, 미리 알고 길을 나설 경우 더 의미 있는 산행이 될 수 있겠다 싶은 몇 가지 사항에 대해 간단하게나마 언급하고자 한다. 무엇보다 이 산행로는 일차적으로 내가 강의실에서 늘 접하는 학생들이 겪고 있다고 직접 말한 심각한 문제들을 긴 호흡으로 대처하는 데 꼭 필요하다고 생각되는 것을 위주로 마련했다는 사실을 일러둔다. 대학 졸업 후의 취업 · 진로에 대한 불안감, 사전준비 없는 학교 · 학과 선택으로 인한 대학 생활 부적응, 대학 진학 후 판이하게 달라진 자신의 몫과 역할에 대한 혼란스러움, 성숙한 인간으로 대접을 받지 못한 데서 오는 실망감. 이 네 가지가 학생들에게 전해 들은 가장 중요하고도 심각한 문제들이다. 스토아학파의 무정념apatheia, 니체의 운명애amor fati, 프로타고라스의 인간척도설homo mensura, 칸트의 계몽sapere aude이라는 네 봉우리가 제공하는 청정한 산소는 위와 같은 문제로 호흡곤란에 시달리는 학생들이 정상 호흡을 되찾는 데 큰 도움을 줄 수 있을 것이다. 그 내용을 간략하게 요약해보자면 다음과 같다.

스토아학파의 옹호자들(에픽테토스, 세네카 등)에 따르면, '누구도 알 수 없는 미래에 펼쳐질 일'(졸업 후의 진로)에 대한 불안감에 얽매인 삶을 사는 것은 어리석기 짝이 없는 일이다. 이는 감정의 노예로 사는 것과 다르지 않으며, 적어도 성숙한 인간의 본모습이라 할 수 없다. 스토아 철학자들은 그런 삶에서 벗어나, 지금 자신이 하려는 일에 몰입하며 살 것을 권한다. 그럴 때 비로소 자기 삶의 주인으로 살아갈 수 있다고 말이다.

니체에 따르면, 소위 좋은 대학, 좋은 학과의 진학 여부는 삶의 의미를 판정하는 잣대가 결코 될 수 없다. 삶에는 반드시 도달해야만 하는 특정한 목적이 있는 게 아니다. 그런 목적을 설정하고 거기에 매달리는 삶은 건강하지 못한 삶이다. 그래서 점수에 맞춰 대학을 선택하고 학과를 선택했다고 해서 세상 다 산 사람처럼 행세하면서 대학 생활을 할 필요는 전혀 없다. 중요한 것은 대학 진학 후 자신의 몸이 원하는 바에 귀를 기울이고, 그 상이 분명해지거든 그것의 실현을 위해 온전히 힘을 쏟는 것이다. 마치 순간에서 영원을 살듯이……

프로타고라스는 대학 진학 후 자신의 몫과 역할이 불분명해 보인다며 힘들어하는 학생들에게 그 척도는 자기 자신의 판단이라는 사실을 명심하라고 말한다. 물론 이렇게 말한다면 각자의 몫과 역할은 자기만의 맥락과 관점에 갇힐 수도 있다. 그러나 인간은 공동체 속에서 살아가는 존재이기에 구성원의 합의에 기초한 각자의 몫과 역할에 도달할 수 있다. 이와 같은 사실을 명심할 경우 현명한 사람이라면 자신의 몫과 역할에 더 이상 혼란스러워하지 않을 것이며, 이와 관련한 판단이나 주장을 더 이상 훗날로 미루지도 않을 것이다.

칸트에 따르면, 대학 진학 후에도 자신의 생각이나 의견이 윗사람에게 일방적으로 무시당하는 일로 심기가 불편하다면, 더 이상 그런 상황을 방치해서는 곤란하다. 왜냐하면 그것은 인간다움을 스스로 포기하는 것과 같기 때문이다. 스스로 판단하고 그에 따라 행동하는 것, 이것이 칸트가 생각하는 진정한 인간다움이다. 그래서 그는 어떤 문제에 흠결이 있는지 꼼꼼히 따져보고, 그렇다고 판단되면 그에 대한 생각이나 의견을 공론장에 제기하는 것을 주저하지 말라고 말한다.

이와 같은 내용이 내가 강의실에서 접하는 학생들을 제외한 다른 학생들, 또 학생이 아닌 이들에게 무가치한 것은 결코 아닐 것이다. 하지만 이상의 이야기는 일차적으로 내가 강의실에서 접하는 학생들을 염두에 두고 펼쳐놓았다.

다음으로는 강의실 학생들에게 직접 들은 건 아니지만, 대한민국 젊은이들이라면 한번쯤 진지하게 고민하게 되는 문제들을 골라 이를 긴 호흡으로 헤쳐가는 데 도움이 될 만한 산행로를 마련했다는 점을 밝혀둔다. 몸짱 열풍에 휘둘리지 않고 당당하게 자신의 일에 열중하는 삶, 꿈은 이루어진다는 말의 허상을 직시하고 참된 꿈을 향해 가는 삶, 스마트 시대를 빙자한 천박한 인식에 현혹되지 않고 스마트한 인식을 하며 살아가는 삶, 이른바 무개념남·무개념녀가 되지 않기 위해 지켜야 할 덕목을 훼손하지 않는 삶 등이 각 산행로 입구에 적힌 타이틀이라 할 수 있다.

아도르노에 따르면, 이른바 식스팩 복근, S라인으로 특징지어지는 몸은 문화산업이 조장하는 기만된 몸이다. 그는 문화산업이 조장하는 몸이 아니라 노동하는 자신의 모습이 아로새겨진 몸이 중요하며, 그러한 몸이야말로 행복의 출발점이라고 말한다.

데리다에 따르면, 말의 의미는 하나로 고정되거나 확정되지 않는다. 맥락에 따라서 얼마든지 달라질 수 있다. 심지어 그 말에 담겨 있으리라고 누구도 생각하지 못했던 의미가 드러날 수도 있다. 그는 특정한 말만 그런 것이 아니라 모든 말이 그렇다고 주장한다. '꿈은 이루어진다'는 말도 마찬가지이다. 그럼에도 불구하고 우리는 그 말의 의미를 하나로 고정시켜 이해하는 데 길들여져 있다. 누구나 노력하면 꿈은 반드시 이루어진다고 여긴다는 말이다. 데리다의 주장은 이런 우리의 일상적 태도에 일침을 가하고 각성을 촉구한다. 꿈을 정말 이루기 위해서라도 꿈은 이루어진다는 말의 허상에서 벗어나야 한다고.

루소에 따르면, 이른바 자족 상태야말로 자연이 인간에게 부여해준 본래의 모습이다. 그것은 자기보존을 위해 힘쓰는 모습과 타인의 고통·불행을 아파하는 모습이 균형을 이룬 상태를 말한다. 그런데 어느 순간부터 인간은 오직 자기보존에만 골몰하게 되었다. 그로부터 끊임없이 자기보존에 힘쓰지만 결과적으로는 자기 학대를 심화하는 불행한 삶이 계속돼왔다고 루소는 말한다. 그에 따르면 동정심의 훼손을 방치하며 살아가는 사람은 언제든 이른바 무개념 인간이 될 수 있다. 그는 그런 인간이 되지 않기 위해서 무엇보다 중요한 것은 걸맞은 교육이라고 주장한다.

데카르트에 따르면, 이른바 스마트한 인식을 하면서 살아가기 위해서는 감각적 인식과 엄밀한 이론적 인식을 잘 구분할 줄 알아야 한다. 엄밀한 이론적 인식은 기본적으로 관념적인 특성을 지니지만, 현실에서 벌어지는 일들을 더 풍부하게 이해하고 설명하는 데 기여한다. 또 감각적 인식은 지속성과 일관성을 결여하고 있기는 하지만, 그 때문에 그 인식의 중요성과 타당성을 무시해서는 안 된다. 요컨대 스마트 시대에 스마트한 인식을 하기 위해서는 이 두 인식의 유의미함과 차이점을 잘 헤아릴 줄 알아야 한다는 것이다.

그다음으로 말하고 싶은 것은 하나의 봉우리에서 다른 봉우리에 이르는 통로를 의도적으로 닫아두었다는 점이다. 하나의 주제마다 완결성을 추구했다는 말이다. 분명 철학이라는 산의 모든 봉우리들은 폐쇄되어 있지 않고 열려 있다. 어떤 비판에도 개방돼 있어야 하고, 또 실제로도 그렇다. 그런데 초보자에겐 그런 열린 통로가 오히려 독이 될 수도 있다. 하나의 봉우리에 오른 뒤, 곧바로 다른 봉우리로 통하는 길을 찾다 영영 찾지 못하고 다시는 산에 오르려 하지 않는 이들이 많다. 그래서 일단 의도적으로 통로들을 닫아두었다. 일단 안전하게 산행을 마치라고. 그리고 그런 산행을 통해 키운 근육을 바탕으로 닫힌 통로를 넘어 다른 봉우리로 나아가거나 새로운 산행로를 스스로 마련하는 일은 천천히 해도 늦지 않기에.

마지막으로 여기 마련된 여덟 개의 봉우리를 오르는 데 반드시 지켜야 할 순서가 있는 것은 아니라는 사실을 말하고 싶다. 다시 말해서 8번 봉우리를 맨 먼저 갔다가 3번 봉우리를 거쳐 5번 봉우리를 올라도 되고, 그 역순을 밟아도 무방하다. 물론 2번, 7번, 1번, 5번 순서로 산행을 해도 된다. 책의 체제상 순서를 정해야 했기에 번호를 매겼을 뿐이다. 그 이상의 의미는 없다. 자유로운 철학 산행을 하라는 얘기다. 부디 쿨한 마음으로 유쾌하게 여행하고 이를 통해 근육을 단단하게 키웠으면 좋겠다. 지혜의 근육을 말이다.

천혜의 절경을 훼손하는 것은 아닐까 하는 두려움이 첫 삽을 뜨기 전에 들었다면, 혹 이렇게 꾸며놨는데 아무도 찾지 않는다면 어쩌지 하는 걱정은 마지막 삽을 뜨려는 순간이 가까워지면서 은근히 커져왔다. 그런데 다행인지 불행인지 그런 걱정이 지금 이 순간에는 사라졌다. 어떤 비난도 받지 않을 자신이 있다거나 될 대로 되라는 심사에 사로잡힌 탓은 아니다. 예상외로 그저 담담할 뿐이다. 첫 삽을 뜰 때도 그랬지만 힘에 부쳐 허덕일 때도 진정성만은 잃지 않으려 했다. 진정성이 다는 아니겠지만 이마저 놓치면 사정없이 흩어져가는 마음을 담아낼 재간이 없다고 생각했다.

그러다 보니 켜켜이 먼지가 쌓인 오래된 책의 빛바랜 책장을 뒤적여봐야 할 듯한 기분이 들 때가 종종 있었다. 숨길 생각은 없지만 꺼내놓고 싶지는 않은 내 삶의 편린들과 대면해야만 했기 때문이다. 그중에는 꺼내놓지 않는 게 낫겠다 싶어 다시 집어넣은 것들도 있다. 평범한 범인凡人이 취할 수 있는 한계이자 미덕이라고 생각하면서 말이다.

마침내 일이 마무리되었다. 단풍 끝자락에서 시작한 일이니, 목련이 꽃망울을 터뜨리려는 지금까지 얼마나 시간이 흘렀나? 족히 계절이 두 번은 바뀐 듯싶다. 사실 따지고 보면 2년 이상 걸린 일이다. 아니, 20년 정도 걸렸다 해도 틀리지 않다. 치밀한 설계도는 준비돼 있지 않았다. 본격적으로 일을 벌이고 나서, 낙관적으로 생각하다가도 문득문득 잘못되지나 않을까 노심초사했던 것도 그 때문인지 모른다. 그래서일까, 종착점에 이르렀다고 생각하니 긴장이 풀리고 아무 데라도 좀 편안히 누워보고 싶다.

정말 오랫동안 산에 오르지 못했다. 이런저런 이유로 물 맑은 연못가 산책으로 갈음해온 지가 제법 된다. 이제 다시 산을 오를 때가 된 것 같다. 산에 올라 내가 이번에 무슨 일을 했는지 차분히 되새겨보는 시간을 가져야겠다. 그리고 무엇보다 이 일을 무사히 마칠 수 있도록 도와준 분들께 감사드린다. 가슴이 살짝 설렌다. 오랜만에 산에 오르리라 생각해서일까, 아니면 계절 탓일까.

2012년 4월
물 맑은 연못이 내려다보이는 언덕에서

1부

·

나는 내 삶의 주인인가

1장

그대 운명적 사랑을 꿈꾸는가

니체의 운명애amor fati, '지금 이 순간을 영원처럼'

Nietzsche

프리드리히 니체Friedrich Wilhelm Nietzsche(1844~1900)

제국주의의 파고가 전 세계로 확산되는 시기를 살면서, 이른바 근대성을 뛰어넘는 사유를 시도했던 독일의 철학자. 그는 이성·정신·관념·초월의 세계를 강조하는 서구의 전통적인 철학·도덕·종교가 제시하는 삶은 건강하지 못한 삶이라고 신랄하게 비판하면서, 인간의 현세적 삶을 그 자체로 긍정하는 가운데 몸이 요구하는 자신만의 새로운 가치들을 일구어내는 데 충실한 삶을 살 것을 주장했다.

속으로 끙끙거리지 말고,
몸이 하는 말에 침잠하라

운명적 사랑을 꿈꾸지 않는 사람이 있을까? 그게 어떤 사랑이냐고 물으면 똑 부러지게 얘기하지 못한다 하더라도 말이다. 사실 그건 일목요연하게 설명할 수 있는 게 아닌지 모른다. 그저 느낌으로 알 수 있을 뿐. 하지만 사랑이 뭔지 정의하진 못하더라도, 자기 앞에 다가온 사랑이 운명적 사랑인지 아닌지 감지하지 못하진 않으리라.

여하튼 그런 사랑이란 게 '자신이 어찌할 수 없는 힘'이 그렇게 되도록 미리 정해놓은 사랑이라는 의미만을 담고 있는 것 같지는 않다. 가만히 헤아려보면 수백 번, 아니 수천 수만 번 똑같은 상황에 놓이더라도, 똑같은 선택을 하고 싶은 사랑이 운명적 사랑의 핵심이 아닐까 싶다. 설사 입으로는 "난 애초에 그럴 생각이 없었어. 그런데 말이야, 정말 희한하게도 그러지 않을 수 없었다니까"라고 변명을 늘어놓더라도 말이다.

그런데 우리가 삶 자체를 그렇게 살 수는 없는 걸까? 그런 운명적인 삶을 꿈꾸는 것은 황당무계한가? 대학 캠퍼스에서 학생들을 보면서, 가장 안타깝게 생각하는 것 중 하나는 너무나 많은 학생들이 그런 삶에서 등 돌린 채로 살아가고 있다는 사실이다. 학생들에게 물었다. 대학 생활을 하면서 가장 힘든 일이 뭐냐고. 상상을 초월할 정도로 많은 학생들이 답했다. 그저 점수에 맞춰 마음에도 없는 대학과 학과를 선택했다고. 그리고 끙끙거리며 속앓이를 하고 있다고. 어찌 된 일인가? 30년 전 내가 대학 캠퍼스에 발을 내디딜 때와 달라진 게 없으니. 아니 솔직히 말하면 그때와 비교할 수 없을 만큼 정도가 심해졌다.

도대체 왜 이런 일이 벌어지고 있는가? 왜 그토록 많은 학생들이 자기가 꿈꿔오거나 하고픈 일과는 무관하게 대학을, 전공을 선택하는가? 누군가는 얘기할지 모른다. 어찌 보면 세상은 늘 그렇게 흘러왔고, 또 그렇게 흘러갈 거라고. 말이야 바른 말이지, 기성세대 중에서 정말로 하고픈 일 하면서 사는 사람이 몇이나 되겠는가? 게다가 살아가면서 정말 하고픈 일을 찾더라도, 막상 그 일에 뛰어들기가 말처럼 쉬운가? 무작정 그 일에 뛰어들었다가 그나마 입에 풀칠이라도 할 수 있게 해주었던 것마저 날려버린다면, 낭패 아닌가? 요즘처럼 물질이 삶의 모든 것을 좌우하는 듯한 세상에서 말이다. 지금 내가 누리는 삶의 물질적 조건이 일순간에 사라진다면 어찌 될까 생각해볼 때가 있다. 그저 상상에 불과한데도 말로 다하기 어려운 끔찍스러운 박탈감이 밀려들곤 한다. 그런 일이 실제 벌어진다면 어떻겠는가? 속앓이를 하면서도 일상을 탈피하지 못하는 범인의 삶이 납득이 가고도 남는다.

또 누군가는 말할 것이다. 점수에 맞춰 학과를 선택했다는 학생들이 그러고 싶어서 그랬겠느냐고. 정말 자기가 원하는 일이나 공부를 하면서 살고 싶어도, 그럴 수 없는 게 현실이라고. 틀리지 않은 얘기다. 30년 전에도 귀에 못이 박히도록 들었다. 대학 나오지 않으면 사람 구실 하기 힘들다고. 마땅한 호구지책을 위해서라도 일단 대학에 들어가야만 한다는 압박감을 30년 전에도 받았다. 그런데 요즘은 이뿐만이 아니란다. 대학에 들어가지 않으면 같이 놀 친구조차 없다고들 한다. 친구들과 놀기 위해서라도 일단 대학에 가야 한다는 것이다. 마치 학원에 다니지 않으면, 같이 놀 친구조차 없기 때문에 학원에 다닐 수밖에 없는 초중고 학생들처럼 말이다. 그러니 하고픈 일을 하려고 대학 진학을 포기하고 과감히 사회에 첫발을 내디뎠다고 텔레비전이나 신문에 가끔 소개되는 친구들 얘기는 가뭄에 콩 나듯 들려오는 딴 나라 얘기로 치부해야 할 터다.

그럼에도 불구하고 나는 속앓이를 하는 학생들에게 분명히 말해주고 싶다. 차분히, 아주 차분히 몸이 하는 말에 귀 기울여보라고. 그리고 몸이 전하는 말이 분명해지거든 그걸 향해 힘껏 날아보라고. 마치 《마당을 나온 암탉》의 초록이가 그랬던 것처럼 말이다. 그곳을 향해 유유히 날아가느냐 그렇지 않으면 땅으로 곤두박질치느냐, 물론 이 역시 중요하다. 제대로 날지 못하고 꼴사납게 추락해버린다면, 남들의 비웃음과 조롱을 감수해야 할뿐더러 자괴감에서 벗어나는 것조차 쉽지 않을 테니까.

그러나 그보다 더 중요한 게 있다. 시종일관 '다른 사람의 삶'의 언저리를 맴돌며 흉내만 내며 살 것인가, 아니면 과감히 그런 삶의 굴레를 박

차고 나아가 힘들고 어렵더라도 진정성이 담긴 자기 삶을 일구어낼 것
인가. 속으로만 끙끙거리며 힘든 하루하루를 보내는 내 삶과 전혀 관계
가 없는 것처럼 보이는 니체의 운명애amor fati를 귀담아 들어봐야 하는
이유도 여기에 있다. 그러기 위해 우리는 니체가 말하는 건강한 삶을 전
반적으로 훑어볼 필요가 있다.

어떤 삶이
정말 건강한 삶인가

니체는 스스로를 '망치 든 철학자'라고 부를 만큼 전통적인 가치관
을 무너뜨리는 파격적인 주장을 한다. 특히 기독교에 대한 비판은 신랄
하다. 소박한 기독교 신자에게 그의 말 한마디 한마디는 심장을 멎게 할
정도로 충격적일 수 있다. 니체는 도대체 왜 그런 주장을 하는 걸까? 다
른 철학자들과 마찬가지로 그 역시 '어떻게 살아야 하나' '어떤 삶이 정
말 인간적인 삶인가' 하는 문제에서 한시도 눈을 떼지 않는다. 그리고 이
문제는 '건강한 삶'과 '병든 삶'에 대한 그의 얘기 속에 녹아들어 있다.

건강한 삶을 원치 않는 사람이 있을까? 병들어 신음하며 무기력하게
살기를 원하는 사람은 없을 것이다. 그렇다면 건강한 삶, 또 병든 삶이란
어떤 삶인가? 사지 멀쩡하고 오장육부 튼튼한 상태로 삶을 영위하고 있
다면, 건강하게 살고 있다 할 수 있나? 상투적으로 보면 당연히 그렇다.
그런데 그게 다일까? 만일 의학적으로 전혀 문제가 없지만 허상에 매여

살아가는 사람이 있다면 그의 삶을 건강한 삶이라고 할 수 있을까? 이쯤 되면 상투적인 생각에 별다른 토를 달지 않던 사람도 그 허상의 정체를 묻지 않을 수 없다. 어차피 인간은 어느 정도 허상을 안고 살아가는 존재 아니냐고 반문하면서 말이다.

일반적으로 허상이라고 하면, '쓸모없는 헛된 생각'이나 '사물의 참 모습과는 다르게 만들어진 이미지' 등을 의미한다. 어쩌면 이는 건강한 삶의 필요불가결한 요소인지도 모른다. 그런데 여기서 말하는 허상, 정확히 말해 니체가 병든 삶과 관련하여 말하는 허상은 망상이라고 불러야 타당하다. 그것도 편집증이나 정신분열증을 앓고 있는 몇몇 사람에게만 나타나는 망상이 아니라, 지극히 정상적이라는 사람들에게서 나타나는 망상이다. 게다가 전염성과 중독성이 강하고, 그런 만큼 근절하기가 쉽지 않은 망상이다. 현실 대신에 내세에서, 차안 대신에 피안에서, 대지의 소리 대신에 천상의 음성에서 삶의 의미를 찾으려는 것 말이다. 니체에 의하면, 적어도 고대 그리스의 전성기 이후부터 20세기 이전까지 서구사는 이 질병이 사람들 몸속 깊숙이 스며드는 과정과 분리해서 생각할 수 없다.

니체는 내세, 피안, 신은 우리가 만들어낸 거라고 주장한다. 그리고 이와 떼어놓고 생각할 수 없는 영혼은 신체의 놀이에 불과하다고 본다. 그는 거침없이 말한다.

벗이여, 내 명예를 걸고 말하거니와 네가 말하고 있는 것들은 존재하지 않는다. 악마도 없고, 지옥도 없다. 너의 영혼은 너의 신체보다 더 빨리 죽어갈 것이다. 그러니 두려워할 것이 못 된다.

—《차라투스트라는 이렇게 말했다》, 정동호 옮김, 책세상, 28쪽

니체는 이렇게 단호하게 말하지만, 누군가 반문할 수 있다. 그렇게 말한다 해서 피안, 내세, 그리고 신의 부재가 증명된 것은 아니지 않은가? '물을 끓이면 섭씨 100도에서 수증기로 변한다'는 사실을 부인하는 사람이 있다 치자. 그럴 경우 실험을 통해서 물은 섭씨 100도에서 수증기로 변한다는 사실을 증명해 보일 수 있다. 그런데 니체의 말은 이 경우처럼 증명된 것은 아니지 않은가? 맞는 얘기다.

그런데 간과해서는 안 될 게 있다. 피안을, 내세를, 천상의 음성을 실재하는 것으로 받아들임으로써 어떤 일이 벌어졌는가. 세계가 가상의 세계와 진리의 세계로 나뉘었다. 현실은 거짓되고 타락한 세계로 간주된 반면, 내세는 영원불변의 참된 세계로 여겨졌다. 이와 함께 인간도 '언제든 악의 세계와 결탁할 수 있는 육체적인 부분'과 '영원불변의 참된 세계로 나아갈 수 있는 영적인 부분'으로 나뉘었다. 지상에서의 육체적 욕망이나 감각적 쾌는 피안에서의 영원불변한 안식을 위해서 억제되고 거부되어야 하는 것으로 여겨졌다. 현실의 인간적 삶이 피안의 비인간적 삶에 종속되는 일이 벌어진 것이다. 니체의 말대로 "스스로 죽기를 원하여 삶에서 등을 돌리는" 일이 발생했다. 바울에 의해 기독교가 서양 세계 전체로 퍼지고, 그에 상응해서 기독교적 삶이 서양 문명의 중심에 자리 잡은 이후의 삶을 두고 하는 말이다.

우리 집 애들이 최근 자주 부르는 '사람, 사랑'이라는 노래가 있다. 노

래를 들다 보면 "나보다 더 소중한 그대"란 가사가 나온다. 나도 모르게 이 부분을 흥얼거릴 때가 종종 있다. 여하튼 그만큼 사랑하는 사람이 있다고 치자. 만일 그런 사람이 불치병에 걸려 갑작스럽게 자기 곁을 영영 떠날 상황에 놓인다면, 여러분 같으면 어떻게 하겠는가? 물불 안 가리고 살려보려고 하지 않겠는가? 그리고 두 손 모아 간절히, 정말 간절히 기도하지 않겠는가? 인간적이지 않은가? 한계 상황에서 절대자를 갈구하는 모습 말이다.

그런데 유감스럽게도 니체는 우리가 신에게 손을 내미는 순간, 현실 너머의 "저편의 세계"로 넘어가는 순간, "감미롭지만 음울한 독"에 의해 삶이 병드는 일이 일어난다고 말한다. 그에 의하면 기독교의 역사는 이를 잘 보여준다. 그리고 니체에 따르면 플라톤 이후 서구 형이상학에서 삶을 보는 관점 역시 기본적으로 기독교와 다르지 않다. 형이상학 역시 현실의 감각적이고 본능적인 것(감각적 인식이나 육체적 쾌 등)을 저급하고 거짓된 것으로 여기면서 초감각적인 영역에 놓인 관념적인 것(정신적인 것)을 영원불변의 참된 실재로 본다는 점에서 삶을 보는 관점이 기독교와 다를 바 없기 때문이다. 차안과 피안의 구분까지는 아니더라도, 형이상학도 세계를, 삶을, 인간을 둘로 나누고, 현실의 변화무쌍한 것들을 절대 불변의 궁극적인 어떤 것(이데아, 절대지, 절대선 등)에 종속시키고 있다는 점에서 말이다.

20세기를 목전에 두었던 니체는 기독교와 형이상학은 이제 끝에 도달했다고 말했다. 그래서 말하지 않았던가, "신은 죽었다"고. 물론 그가 실제로 기독교와 형이상학이 완전히 사라졌다거나 사라질 거라고 생각

니체가《차라투스트라는 이렇게 말했다》를 쓸 당시 머물렀던 방
니체는 우리가 신에게 손을 내미는 순간, 감미롭지만 음울한 독에 의해 삶이 병드는 일이 일어난다고 말한다.

했다고 보긴 어렵다. 문제는 기독교, 형이상학으로 대표되는 병든 삶의 모습은 구체적인 형태를 달리하면서 도처에서 나타난다는 데 있다. 물신物神에 종속된 삶이 대표적인 경우이다.

실제로 오늘 우리에겐 이 세속적 형태의 병든 삶이 더 심각한 게 사실이다. 오늘 한국 사회의 기독교는 너무 물질주의에 사로잡혀서 오히려 문제가 되고 있지 않은가? 많은 목사들이 '날마다 죽어야 한다(영적인 것을 위해 육신은 날마다 죽어야 한다)'는 바울의 가르침을 열심히 전하더라도, 진정성을 갖고 귀 기울이는 기독교인들이 얼마나 되는지 의심스럽다.

절대 유일의 궁극적 목표점을 설정하고 삶의 순간순간을 그것을 위해 희생시키는 종속된 삶은 구체적 형태가 어떠하든 니체가 보기에는 기본적으로 모두 다르지 않다. 물론 그가 개별적인 삶의 차이를 부정하는 건 아니지만 말이다. 그런 관점에 따르면, 삶이란 '거기에 도달하기만 하면 모든 문제가 해소되는 유일의 목적지'를 향해 달려가는 일종의 고통스러운 경주이다. 출발점과 종착점이 분명하고 미래에 그 종착점에 도달하면 출발할 때부터 감수했던 온갖 고통들이 일거에 사라지는 일종의 마라톤, 삶을 이렇게 바라본다는 얘기다. 물론 니체에 따르면 삶은 그런 게 아니다. 그런 삶은 궁극적 목적을 향해 나아간다고는 하지만, 사실은 몰락을 향해 가는 여정일 뿐이다. 왜냐하면 그런 종착점 역시 피안과 마찬가지로 허상이기 때문이다. 다시 말해 그런 삶은 무無를 향해 가는 삶일 뿐이다.

끊임없이 죄책감에 시달리는 삶이 건강한 삶일 수 있을까

삶의 유일한 목표를 설정하고, 그곳에 도달하면 삶이 완성된다는 생각에 수반되는 심각한 문제 중 하나는 끊임없이 죄책감에 시달리는 삶을 조장한다는 점이다.

대학을 다니는 유일한 이유가 사법고시 합격인 친구가 있었다. 사법고시 합격은 그에게 삶의 유일한 목표였다. 그 친구는 묻지 않아도 만날 때마다 얘기했다. 사법고시 합격을 위해 자신이 어떤 구체적인 전략을 짜놓고 있는지를. 정확히 기억이 나지는 않지만, 일일 생활 계획까지 들려주곤 했던 것 같다. 재미있게도 아니 서글프게도 그 친구는 그런 얘기 끝에 항상 덧붙이곤 했다. "아 그런데 말야, 어제 술을 마시는 바람에 또 진도를 제대로 못 나갔네." 또는 "이번 주말에 말야, 고향 친구 녀석이 찾아왔는데, 아 그 녀석 고민 들어주고 같이 놀아주느라 공부를 못 했어!" 등등. 이런 말과 함께, 단순한 자괴감 이상의 죄책감에 젖은 표정을 짓곤 했다. 그 친구는 대학 4년 내내 그런 모습을 보였다.

당시 그 친구의 모습이 부러워 보이기도 했다. 나와 달리 너무도 뚜렷하고 분명한 삶의 목표를 정해두고 대학 생활을 하는 듯해서 말이다. 물론 다른 한편으로 죄책감에 시달린다 싶을 정도로 자책을 하면서까지 사법고시에 합격하고 싶은가 의문이 살짝살짝 들었던 것도 사실이다. 대학 졸업 후 그 친구의 소식은 더 이상 접하지 못했다. 쉽지는 않겠지만 다시 만날 기회가 생겨서 사법고시에 합격했다면, 묻고 싶다. 다시 대학에 들어가더라도 그때와 똑같은 생활을 하겠느냐고. 그 친구는 그렇다고 대답할지도 모른다. 그러나 니체라면 그건 '몰락을 향해 가는 삶'의 변종이라면서 말릴 것이다.

유대인들의 교육 하면 일반적으로 《탈무드》를 떠올린다. 아울러 그들은 대단히 창의적으로 아이들 교육을 한다고 알고 있을 것이다. 적어도 죄책감에 시달리는 교육과는 거리가 멀다고. 그런데 일전에 흥미로운 신문 기사가 난 적이 있다. 2011년 차이콥스키 콩쿠르에서 한국 연주자 다섯 명이 입상하자, 음악계에 불기 시작한 코리안 키즈 돌풍이 유대인의 벽까지 넘어서기를 기대하며 쓴 글이다.

그 기사에 따르면 차이콥스키 콩쿠르에서 주최국 러시아가 최다 입상자를 냈지만 속을 들여다보면 유대계가 다수란다. 이를테면 1948년과 1952년 두 대회의 러시아 수상자 스물다섯 명 중 열네 명이 유대계다. 중요한 건 이러한 성취 뒤에 유대인의 유별난 교육열이 있었다는 사실이다. 1950~60년대에 미국에서 유대인 엄마Jewish Mom라는 말이 유행했다고 한다. 저명한 인류학자 마거릿 미드는 이 무렵 유대인 128명과 인터뷰를 한 뒤, 유대인 엄마의 특징을 '끊임없는 잔소리로 가족들을 통제하고, 자기희생으로 자식들에게 죄책감을 안겨 본인의 요구를 관철'하는 것이라고 적었다고 한다. 기사에는 다음과 같은 말이 덧붙여져 있다. "영락없는 한국의 억척 엄마다."

기사에 따르면, 우리가 흔히 생각하는 것과 달리 유대인 엄마들의 교육관은 자식들에게 죄책감을 심어주는 것이 특징이다. 적어도 1950~60년대 미국의 유대인 엄마들은 그랬다. 그런 교육관은 한국의 억척 엄마들의 교육관과 다르지 않다. 무심코 지나칠 수도 있으나 니체의 관점에서 보자면 자못 심각한 기사다. 자신이 원하는 것과는 무관하게 부모의 기대치가 설정되고, 기대치에 못 미치는 결과가 나왔을 경우 죄책감을 느끼며 자신을 채찍질하는 학생을 떠올려보면 왠지 섬뜩한 느낌마저 든다. 나도 자식들을 그렇게 키우고 있는 건 아닌가 생각해보게 되는 것이다.

창의력을 맘껏 발산하면서 자라도록 해주지는 못할망정, 날마다 죄책감을 느끼면서 자라게 해서야 되겠는가? 그런 삶이 건강한 삶이라고 할 수야 없지 않겠는가? 니체가 서구 기독교와 형이상학의 세례를 받은 삶이 병든 삶이라고 했던 이유도 이와 다르지 않다. 서구의 기독교와 형이상학은 기본적으로 감각적 욕망과 세속적 쾌를 금기시하는 삶을 참된 삶이라고 한다. 그러나 실제로는 이를 관철시키지 못한다. 사실 애초부터 가당치 않은 목표다. 이로부터 끊임없이 죄책감이 유발된다. 그리고 기독교와 형이상학의 여러 변종들 역시 마찬가지 결과를 초래한다.

건강한 삶은 자기 몸의 소리에 귀 기울이는 삶이다

수년 전 일이다. 유치원생이었던 작은애가 어느 날 저녁 느닷없이 태권도를 하고 싶다며 태권도장에 보내달라고 했다. 갑자기 웬일인가 싶기도 했고, 한두 달 다니다 그만두지 않을까 싶기도 해서, 좀 더 생각해보고 다니는 게 어떠냐고 떠보았다. 그러자 녀석이 유치원생의 모습이라고는 도저히 생각할 수 없는 표정을 지으며 단호히 말했다. 내일부터라도 당장 다니겠다고. 자식 이기는 부모 있는가? 다음날 태권도장에 등록시켰다. 아이는 거의 1년 이상 열심히 태권도장에 다녔다. 가끔 도장에 들르면, 정말 즐겁게 그리고 열심히 태권도 익히는 모습을 볼 수 있었다. 그렇다고 녀석이 태권도에 남다른 재능을 보였던 건 아니다.

그러던 어느 날, 아마 초등학교 2학년 진학을 앞둔 때로 기억된다. 그날 저녁에도 느닷없이 얘기를 꺼냈다. 태권도를 그만두고 이번엔 바둑을 배우고 싶다고. 태권도를 배우고 싶다고 할 때야 사실 그러려니 했다. 워낙 많은 애들이 태권도장에 다니고, 큰애도 작은애와 거의 같은 시기에 태권도장에 다녔으니까. 그런데 바둑이라니? 다소 당황스럽기도 해서, 왜 갑자기 바둑을 배우고 싶은 거냐고 물으면서, 생각만큼 재미있지 않으니 천천히 생각해보고 결정하는 게 어떠냐고 말해봤다. 그러나 이번에도 녀석은 물러서려 들지 않았다. 도저히 얼렁뚱땅 그냥 넘어갈 수가 없었다. 다음 날 기원에 등록시켰다. 이번엔 생각 밖의 재능까지 보여주더니 2주 만에 기원을 거의 평정했다. 2~3개월 지나면서는 서울시 예선에 나가서 순위권 내에 진입하기도 했다. 기원 원장은 물론이고 우리 가족들도 상당한 기대감을 품었을 정도였다. 훌륭한 프로 바둑 기사로 키워봐야겠다는 생각을 진지하게 했으니까.

그러나 그런 생각은 오래가지 못했다. 6개월쯤 지났을 때로 기억된다. 이번엔 바둑을 그만두고 테니스를 하겠다고 했다. 허탈감을 숨길 수 없었고, 바둑을 좀 더 해보는 게 어떠냐고 몇 차례 설득도 해봤지만 허사였다. 평양감사도 제 하기 싫으면 어쩔 수 없다고, 도리 없었다. 테니스는 태권도만큼의 재능도 보이지 못했고, 그리 오래 하지도 않았다. 3개월쯤 했던가. 물론 테니스를 배워보겠다고 처음 운을 뗄 때는 전과 똑같은 모습을 보였다. 또 배우는 동안 온 힘을 다해 배웠고 그만큼 즐겼다. 좀 과장해서 말하면 녀석이 마치 한순간 한순간을 영원처럼 느끼면서 배우고 즐기는 듯이 보였다. 그 뒤엔 전만큼 자주는 아니지만, 여전히 그런 모습을 보이고 있다. 앞으로도 계속 그럴지는 두고 봐야 알겠지만 말이다.

특별할 거 없는 작은애 얘기를 길게 했다. 아들바보라서? 그런 이유 때문은 아니다. 어떤 삶이 니체가 말하는 건강한 삶인가, 우리는 지금 이걸 묻고 있는 게 아닌가? 삶의 유일한 목적을 설정하고 거기에 다가가지 못하는 자신의 모습을 보며 자책을 넘어 죄책감을 느끼며 살아가는 삶인가? 그렇지 않으면 온몸으로 무언가를 일구고 수행하면서, 이를 통해 계속해서 새로운 가치를 만들어가는 삶인가? 니체에게 이에 대한 답은 분명하다.

니체는 기독교와 형이상학 그리고 그 변종들의 삶을 병든 삶으로 간주하면서 여기에서 벗어난 건강한 삶을 살라고 강조한다. 그렇다고 니체가 건강한 삶을 '특정한 목적에 도달하는 삶'으로 규정해둔 것은 아니다. 이를테면 A라는 목적에 도달하는 삶을 제시하고, 오로지 이에 종속된 삶을 살아야만 한다고 주장하는 것은 아니다. 삶에는 도달해야만 하는 특정한 목적이 있는 게 아니라는 얘기다. 오히려 삶에는 '끊임없이 새롭게 만들어지는 무수히 많은 가치들'만 있을 뿐이다. 매 순간 그런 다양한 가치들을 만들어내는 데 심혈을 기울이며 살아가는 삶이 건강한 삶이라고 니체는 주장한다. 몸이 전하는 말에 귀 기울이는 자가 바로 그런 삶을 사는 사람이다.

니체는 말한다. 인간은 전적으로 몸Leib이며, 영혼이란 것도 몸에 있는 어떤 것에 붙인 말에 불과하다고. 그는 몸을 큰 이성이라고 부른다. 그리고 우리가 보통 정신이라고 부르는 것을 '몸이라는 큰 이성의 도구' 혹은 '작은 이성'이라고 부른다. 또 큰 이성인 몸을 '자기das Selbst'라고도 부른다. 감각, 정신은 이 '자기das Selbst'의 도구이다. '자기'는 감각과 정신에게 탐색하고 경청하도록 하고, 자아Ich에게 탐색하고 경청한 것을 느끼고 생각하라고 명령한다. 이처럼 모든 느낌과 생각은 몸의 산물이다. 모든 가치평가를 만들어낸 것이 바로 몸이다. 몸은 창조자인 것이다.

그리고 몸의 이러한 창조하기(창조의 놀이)는 끊임없이 진행된다. 몸은 끊임없이 '자기 자신을 뛰어넘어 창조하기'를 열망한다. 니체는 건강한 사람은 이러한 사실을 깨닫는 사람이라고 말한다. 즉 몸이 말하는 소리에 귀 기울이는 자라고 말한다. 달리 말하자면 니체에게 건강한 사람은, 특정한 목적에 매이지 않고, '하지 않고서는 배겨낼 수 없다고 온몸으로 느끼는 것들'을 행하면서 그걸 통해 쉼 없이 새로운 가치들을 창조해내는 자이다. 그리고 몸의 쉼 없는 창조 활동, 즉 자기 자신을 뛰어넘어 창조하기를 열망하는 활동을 가능케 하는 것이 바로 '힘에의 의지Wille zur Macht'이다. 니체에 의하면 힘에의 의지는 인간에게만 적용되는 건 아니다. 세계 전체에 적용된다. 세계 전체가 힘에의 의지의 활동이다. 아울러 그러한 활동으로 충만한 삶을 사는, 즉 자기 파괴로 불릴 수 있는 자기 혁신까지도 두려워하지 않으면서 끊임없이 자기 자신을 넘어선 삶을 살아가는 자가 바로 위버멘쉬Übermensch이다.

현실을 직시하며 끊임없이
새로운 가치를 창조해내라

니체는 병든 삶을 치유하고 건강한 삶을 살라고 피를 토하는 심정으로 역설한다. 그는 건강한 삶을 위해서는 병든 삶과의 대결 혹은 투쟁이 불가피하다고 말한다. 그렇지만 병든 삶에 어떤 강제 조치를 취해야 한다고 주장하진 않는다. 그저 건강한 삶을 회복하기를 소망한다. 달리 말해서 병든 삶을 인위적 척결의 대상으로 보고 있지 않다. 왜 그럴까?

니체는 병든 삶은 치유가 쉽지 않다는 사실을 잘 알고 있다. 어쩌면 병든 삶이 사라지지 않고 곳곳에서 기승을 부리는 건 불가피하다고 보는지도 모른다. 만일 병든 삶이 '몸'(혹은 힘에의 의지) 바깥에 존재하는 어떤 것(그것이 신이든, 절대정신이든 혹은 그 밖의 무엇이든)에 의해 생겨난 거라면, 어떤 인위적인 조치로 일시에 척결함으로써 병든 삶을 말끔히 치유할 수도 있을 것이다. 하나 그렇지가 않다. 몸을 경멸하고, 몸이 하는 말에 귀 기울이지 못하는 병든 삶의 원인 역시 몸 자체에 있기 때문이다. 병든 삶은 "몸 스스로 죽기를 원해서, 생에서 등을 돌린 삶"인 것이다. 그러면서 건강한 삶을 배격하고 오염시킨다. 몸을 경멸하고, 건강한 삶을 위협하는 병든 삶 역시 몸에 의해 만들어진 거라는 말이다. 끊임없이 새로운 가치를 창조하는 데 몰두하고, 이를 통해 더 높은 생으로 도약할 수 있음에도 말이다. 또 다르게 말하면 건강한 힘에의 의지를 병들게 하는 것 역시 힘에의 의지다. 병든 힘에의 의지.

이렇기에 니체는 병든 삶과 건강한 삶이 뒤섞인, 아니 어찌 보면 양자 간의 대립과 대결로 뒤덮인 현실의 삶 전체를 긍정한다. 그것도 철저하게. 인위적인 조치로 말끔히 치유할 수 없는 병든 삶이 현실에 엄연히 존재한다는 사실을 부정한다는 건 또 다른 허상을 만들어내는 일이다. 이는 곧 병든 삶을 의미한다. 그렇기에 건강한 삶의 추구는 병든 삶의 실재를 긍정하는 가운데 이뤄져야 한다고 그는 강조한다. 이는 결국 건강한 삶의 추구는 참혹함으로부터 자유로울 수 없으며, 그 참혹함을 견뎌낼 수 있어야 한다는 뜻이다. 이를테면 병든 삶을 사는 자들의 쑥덕거림, 따

베첼리오 티치아노, 〈시시포스의 운명〉, 1548~49

니체는 병든 삶과 건상한 삶이 뒤섞인 현실의 삶 전체를 긍정한다. 그것도 철저하게. 그리고 현실의 참혹함을 직시하고 그걸 웃어넘길 줄 알아야 한다고 말한다. 그러한 자만이 건강한 삶을 살 수 있다는 얘기다.

돌림, 야비한 공격, 그로 인한 고독 등을 견뎌낼 수 있어야 한다는 것이다. 혹은 병든 자와의 대결로 인한 파괴의 처참함도.

그래서 니체는 현실의 참혹함을 직시하고 그걸 웃어넘길 줄 알아야 한다고 말한다. 그러한 자만이 건강한 삶을 살 수 있다는 얘기다. 이때 말하는 웃음이란 대체 어떤 웃음일까? 최근 우리 사회 전반에 지상명령처럼 퍼져 있는, '뭐든 재밌어야 한다'는 생각에 함축되어 있는 웃음일까? 아니면 갑자기 로또라도 당첨돼서, 주체할 수 없이 터져 나오는 웃음을 말하는 걸까?

야구를 그 누구보다 사랑하고 그런 만큼 세간의 삐딱한 시선과 편견에도 불구하고 항상 새로운 차원의 야구를 한다는 마음으로 한 게임 한 게임에 온 힘을 쏟아 부으며 감독의 길을 걸어온 사람이 있다고 치자. 그가 야구 인생 마지막이 될지도 모를 2012년 코리안 시리즈 7차전 9회말 투 아웃 상황에서 심판의 오심으로 최종 승리를 놓쳤다면, 그 심정이 어떠할지 짐작이 가고도 남는다. 그렇다면, 이런 상황에 직면했을 때 어떤 행동을 취해야 할까? 도저히 받아들일 수 없다고 울분을 토하며, 심판을 응징하려 혈안이 되는 걸까? 아니면 '명백한 오심이었다. 그러나 오심도 야구의 일부다'라고 웃어넘기면서, 또 다른 도전을 향해 걸어가는 것일까? 니체가 건강한 삶과 관련하여 말하는 웃음은 아마도 이와 유사한 웃음이리라.

건강한 삶은
차이의 감정을 존중한다

니체는 삶이 평등하지 않다고 주장한다. 게다가 평등의 요구는 복수심이나 적개심에서 나오는 거라 주장한다. 얼핏 들으면 시대착오적인 말처럼 들린다. 아니 니체가 제정신이 아닌 사람처럼 여겨진다.

그런데 여기서 간과해서는 안 될 점이 있다. 니체의 이 말은 우리가 흔히 생각하는 경제적·정치적 불평등 및 차별의 정당화와 기본적으로 관련이 없다. 다만 건강한 삶과 그렇지 못한 삶의 차이와 관련이 있다. 물론 그렇다고 니체가 경제적·정치적 불평등을 일소해야 한다고 주장하는 것은 아니다.

앞서 살펴봤듯이 니체에 의하면 삶에는 건강한 삶이 있는가 하면, 그렇지 못한 삶이 있다. 또 건강한 삶에도 차이가 있다. 더 건강한 삶과 덜 건강한 삶이 있을 수 있다. 달리 말하자면 쉽 없이 새로운 가치를 창조하는 삶이라 하더라도, 그 정도는 사람마다 다를 수밖에 없다. 더욱더 능동적으로 새로운 가치를 창조하는 데 온 힘을 기울이며 실행하는 삶과 덜 그런 삶으로 구별될 수밖에 없다. 그럼에도 불구하고 삶이 모두 똑같다고 주장한다면, 혹은 똑같아야 한다고 주장한다면, 삶을 획일화·평균화시키는 것이다. 그런 주장을 건강한 삶에서 나오는 주장이라고 할 수 있겠는가? 적어도 니체의 관점에서 말이다.

니체는 삶의 차이를 강조한다. 그런 생각은 '거리의 파토스Pathos der Distanz'라는 말에 담겨 있다. 그는 '평등에 대한 도덕적 요구'로 무장된 삶이 건강한 삶이 아니라, 다양한 창조적 활동에 대한 '차이의 감정'이 온전히 깃들어 있는 삶이 건강한 삶이라고 말한다. '평등에 대한 도덕적 요구'를 앞세워 삶을 획일적으로 평가해서는 안 된다고 본다. '힘에의 의지'는 각자 다르며, 그 차이에 따라 삶을 다양하게 평가해야 한다는 얘기다.

꽤나 오래전이라, 중학교 1학년 때인지 혹은 2학년 때인지는 정확히 알 수 없다. 하여간 그 무렵 봄 소풍을 갔다. 장기자랑 시간이었다. 평소 두드러져 보이진 않았던 한 친구가 존 덴버의 〈Take Me Home, Country Roads〉란 노래를 정말 멋들어지게 불렀다. 사실 난 그때까지 팝송은 전혀 모르는 상태였다. 그 친구가 부른 존 덴버의 노래 제목도 소풍을 다녀온 뒤에야 알았다. 하여간 그 친구가 얼마나 멋들어지게 노래를 불렀던지 장기자랑 무대가 순식간에 열광의 도가니로 변했다. 나 역시 얼이 빠지지 않을 수 없었다. 오래전 일이라 이름도 잊어버렸지만, 아직도 그때를 생각하면 그 친구의 얼굴이, 그것도 후광과 함께 또렷이 떠오른다. 정말로.

그 친구는 졸지에 우리 반의 영웅 아닌 영웅이 되었다. 팝송에 관해 얘기라도 하게 되면, 항상 그 친구를 중심으로 자연스러운 위계질서 같은 것이 형성되곤 했다. 나는 소풍을 다녀온 이후 그 친구와 급속도로 가까워졌고, 얼마 지나지 않아 흉허물 없는 사이가 되었다. 그럼에도 불구하고 적어도 팝송에 관해서 얘기할 때면, '그 친구에게 범접할 수 없는 힘' 같은 걸 느끼곤 했다.

고등학교 2학년 때의 일이다. 나는 시간만 나면 친구들과 농구를 즐기곤 했다. 같이 농구를 하던 친구 중에 별명이 해글러였던 친구가 있었다. 해글러라는, 당시 유명한 권투선수와 비슷하게 생겼다고 해서 붙여진 별명이다. 그런데 그 친구는 농구선수 버금가는 뛰어난 농구실력을 자랑했다. 특히 드리블은 압권이었다.

당시 중고등학교 체육시설은 여러모로 열악했다. 또 학생 수도 지금의 두 배에 가까웠다. 그러다 보니 점심시간에 농구라도 좀 해보려고 하면 말이 아니었다. 지금 생각하면 그때 정말 그랬었나 싶을 정도로 많은 인원이 서로 뒤엉켜 농구 아닌 농투를 하곤 했다. 게다가 1, 2학년의 경우 자칫 3학년들이 농구 코트에 있기라도 하면 농투조차 하기 힘들었다. 그렇지만 예외가 있었다. 해글러가 공을 잡고 드리블하는 경우다. 그때는 3학년들조차 입을 떡 벌리고 바라보면서 길을 터주곤 했다.

한번은 이런 일도 있었다. 교생실습 나왔던 선생님들과 점심시간에 우연히 농구 경기를 하게 되었다. 장난 삼아 했던 놀이였는데, 의외로 우리 실력이 만만치 않음을 알게 되자, 교생선생님들의 얼굴이 벌겋게 달아올랐고, 정식 게임을 하게 된 것이다. 이렇게 되자 농구장 주변에 학생들이 구름같이 모여들었다. 경기가 시작된 지 얼마 안 돼서 깐깐하기로 소문난 수학선생님이 그곳으로 왔다. 그리고 사태의 중요성을 파악했는지, 우리 팀의 감독을 자처했다. 원한 사람은 없었지만 막을 사람도 없었다.

여하튼 그렇게 해서 엄청난 긴장감이 감도는 농구경기가 벌어졌고, 수학선생님은 시도 때도 없이 자신의 존재감을 드러내고자 했다. 공격을 할 때건 수비를 할 때건, 조금만 허점을 보이면 여지없이 끼어드셨다. 우리 팀 선수들은 따르지 않을 재간이 없었다. 그렇지만 예외가 있었다. 바로 해글러였다. 설사 해글러가 실수를 하더라도 나무라지 않으셨다. 아니 나무랄 수가 없었다. 모든 사람이 느꼈겠지만, 해글러에겐 감히 범접할 수 없는 힘이 뿜어져 나왔다. 적어도 그 시간만은 수학선생님도 해글러의 그 힘을 긍정할 수밖에 없었다. 그의 힘에 지배될 수밖에 없었던 것이다.

누구나 학창 시절 이와 비슷한 경험들을 했을 것이다. 아니 굳이 학창 시절이 아니더라도 이런 일에 자주 맞닥뜨린다. 다만 그런 차이의 감정을 긍정적으로 받아들이느냐 혹은 그렇지 않느냐의 차이가 있을 뿐이다. 존 덴버의 노래를 기막히게 불렀던 친구나 해글러나 자신들이 팝송 잘한다고 혹은 농구 잘한다고 우쭐대는 법이 없었다. 그럼에도 불구하고 다른 친구들은 적어도 팝송 그리고 농구와 관련해서 그 친구를 중심으로 위계질서가 형성된다는 사실을 알고 있었다. 적어도 몸으로는 말이다. 니체가 보기에 바로 이것이야말로 건강한 삶의 모습이다.

이에 반해 그 친구들에게서 느껴지는 힘과 차이를 부정하고 노래를 할 때건 농구를 할 때건 모두 똑같이 평가해야 한다고 주장한다면, 니체가 보기엔 건강하지 못한 삶이다. 일종의 적개심에서 나온 저속한 삶의 모습이다. 혹은 그 친구들이 영어 점수가 낮다는 이유로, 수학 점수가 낮다는 이유로 깔본다면 그거야말로 저속하기 짝이 없는 거라고 니체는 본다. 니체가 '힘에의 의지'의 차이와 그에 상응하는 위계질서를 강조한다고 해서, 저속한 생물학적 힘의 발휘를 건강한 삶으로 본다는 주장은 너무도 터무니없다.

에밀 졸라의 소설 중에 《테레즈 라캥》이라는 작품이 있다. 육체적 욕망에 눈멀어 어릴 적 친구였던 로랑과 욕망을 채우는 관계를 맺고, 결국은 그와 공모해 남편이자 사촌인 카미유와 그의 어머니 라캥을 죽인 테레즈가 결국 어떻게 되는가를 보여주는 소설이다. 처음에는 멀쩡했고, 아무 일 없었던 라캥이 시간이 지나면서 어떻게 파멸에 이르는가를 졸라는 잘 묘사했다. 그것도 도덕이나 법과는 전혀 무관하게 말이다. 졸라에 따르면 테레즈의 파멸은 통상 말하는 권선징악의 결과가 아니다. 오로지 자연적 결과일 뿐이다.

저속한 생물학적 힘의 발휘, 특히 원한이나 적개심에 의한 힘의 발휘가 어떤 결과를 낳는가에 대한 니체의 주장도 이와 다르지 않다. 저속한 생물학적 힘에 의존하는 삶은 도덕이 거부하는 것이 아니라, 생리학이, 몸이 거부한다. 그래서 니체는 말한다. 악마는 고독한 순간에 찾아온다고. 원한과 적개심에서 내뱉은 말이나 행동이 전혀 문제가 없는 것처럼 보이지만, 어느 순간 악마가 되어 자신을 파멸시킨다는 얘기다. 잠자리에 들려는 순간 혹은 새벽에 잠에서 깬 순간 혹은 그 밖의 다른 순간에.

운명애에 기반을 둔 삶이야말로 비상을 꿈꿔야 할 삶이다

얼마 전 히말라야 안나푸르나 산의 신新루트에 도전했던 산악인 박영석 대장의 사고 소식에 많은 사람들이 가슴을 저몄다. 그런데 생전에 박영석이 한 말과 행동을 되새겨보면, 가슴 저미는 수준이 아니라 엄숙함을 느끼게 된다. 그는 평소 이런 말을 즐겨 했다고 한다. "우리 안에 갇혀 있는 호랑이는 이미 호랑이가 아니다, 야성을 잃어버린 호랑이가 이미 호랑이가 아니듯이, 산을 떠나 있는 산악인은 이미 산악인이 아니다." 이번에도 예외는 아니었던 모양이다. 주변 사람들이 여러 이유를 들어 원정을 말렸음에도 불구하고 아랑곳하지 않았다고 한다. 그래서 무모했다고? 천만에. 그가 삶을 대하는 자세가 어떠했는지는 다음과 같은 말을 들어보면 충분히 헤아릴 수 있으니까. "산에서 죽음을 맞는 삶이란 얼마나 행복한가. 산 사나이로 산에서 죽는 것, 그건 거스를 수 없는 내 운명인지도 모른다."

나는 산악인이 아니다. 물론 산에서 삶을 마감하고픈 마음도 전혀 없다. 그럼에도 불구하고 박영석의 말이 정수리를 사정없이 후려치는 이유는 뭘까? 우리 안에 갇힌 호랑이는 고사하고, 문득문득 동물원 원숭이가 돼가는 것 같은 기분에 빠져들곤 하는 나를 깨워 정신이 번쩍 들게 하는 이유 말이다. 박영석은 산에서 맞는 최후가 거스를 수 없는 운명인지도 모른다고 말했다.

그런데 그가 운명인지도 모른다고 했던 최후가 어쩔 수 없이 끌려갈 수밖에 없는 삶의 종말을 말하는 걸까? 바보 같은 생각이다. 그는 수도 없이 자신에게 물었으리라. '만약 산에서 최후를 맞는다면 어쩌지? 그래도 끊임없이 새로운 산행에 도전할 거라고 단호하게 말할 수 있을까? 똑같은 상황이 수도 없이 반복되더라도 말야'라고. 그리고 스스로에게 답했으리라. '두말하면 잔소리지'라고. 그가 몸이 말하는 것과 상관없이 관념적으로만 그렇게 묻고 답했을까? 8000미터가 넘는 열네 봉우리를 몸으로 정복했던 박영석이 그랬을 리 없다. 그의 말에, 죽음에 내 정신이 번쩍 든 이유는 이런 데 있다. 그는 순간을, 삶을, 영원처럼 살다 간 사람이다.

니체가 말하는 운명애에 기반을 둔 삶이 바로 이런 삶이다. 늘 새로운 가치를 추구하며 쉼 없이 자기 혁신을 꾀하는 삶이 건강한 삶이라고 주장했다 해서, 그런 삶이 '끊임없이 솟구치는 순간적인 충동'에 자신을 내맡기는 삶을 의미하는 건 결코 아니다. 오히려 한순간 한순간을 영원처럼 사는 삶이다. 삶은 일회적이다. 그렇지만 일회적이 아니라 영원히 반복된다 하더라도, 똑같은 선택을 할 수 있을 만큼 사랑하고 진정을 쏟는 삶을 살라고 니체는 말한다. 정말 의미심장한 얘기다.

요컨대 니체는 피안이 아니라 차안에서, 몸의 소리에 귀 기울이며 몸이 요구하는 새로운 가치를 창출하기 위해서 쉼 없이 자기 혁신을 시도하는 삶, 그리고 그런 삶의 구체적 양상은 사람마다 각기 다를 수밖에 없다는 사실을 받아들이며 현실의 참혹함마저 웃음으로 넘기며 긍정하는 삶, 아울러 순간의 충동에 자신을 내맡기는 게 아니라 마치 순간을 영원처럼 사는 삶을 살라고 역설한다. 니체의 운명애는 바로 이런 삶을 함축한다.

점수에 맞춰 대학을 선택하고 학과를 선택한 학생들이 생각보다 훨씬 많고, 그만큼 속앓이를 하는 학생들이 많다는 사실을 알게 된 순간, 잊고 지냈던 30년 전 내 모습이 주마등처럼 스쳐 지나갔다. 자유로운 문필가를 어렴풋이 그리며 대학 캠퍼스에 발을 내디뎠을 때의 내 모습이. 그 때문에라도 니체의 운명애 이야기를 들려주어야겠다고 생각했다. 당신이 니체처럼 살아왔거나 지금 니체처럼 살고 있느냐고 누군가 타박하며 곱지 않은 시선을 보내더라도 말이다. 그래서 힘주어 말해본다.

　점수 맞춰 대학을 선택했다고 의기소침함을 넘어 일종의 패배감에 젖을 필요는 조금도 없다고. 점수가 더 잘 나와 자신이 원하던(남들이 부러워하는) 학교, 자신이 원하던(남들이 좋다고 하는) 학과에 입학했다고 삶이 종결되는 게 아니라고. 원하는 학교, 원하는 학과에 입학하는 게 삶의 유일한 목적일 수는 없다고. 아니 삶에는 원래 유일한 목적이 있는 게 아니라고. 그런 삶에 얽매여 사는 것은 건강하지 못한 모습이라고. 삶의 건강한 모습은 오히려 끊임없는 자기 혁신을 통해서 새롭게 변해가는 데서 찾아야 한다고. 그리고 이를 위해 무엇보다 필요한 것은, 점수에 맞춰 대학에 진학했다는 자괴감이나 원하던 학과에 진학했다는 우쭐거림에 빠지는 게 아니라, 대학 진학 후 자신의 몸이 뭘 원하는가에 귀 기울이는 거라고. 몸이 말하는 소리를 분명히 들었거든 그걸 위해 현재의 순간순간에 최선을 다하는 거라고. 마치 순간에서 영원을 사는 것처럼. 온 힘을 다해 비상하려거든 그런 삶으로 날아올라 보라고. 또 그런 삶의 구체적 양상은 사람마다 다를 수밖에 없다고. 그걸 획일화하려는 것은 저급한 일이라고.

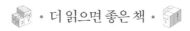 **· 더 읽으면 좋은 책 ·**

로이 잭슨,《30분에 읽는 니체》, 이근영 옮김(랜덤하우스코리아, 2003)

니체의 철학은 매력적이다. 그러나 일반 독자가 그의 저서를 직접 읽고 그 사상을 온전히 이해하기는 대단히 어렵다. 이 점을 고려할 때, 로이 잭슨의 책은 일반 독자가 니체 사상 전반을 이해하는 데 하나의 길잡이가 되어줄 것이다. 다만, 저자가 니체 사상의 심층으로 침잠해 자기 자신의 이야기를 풀어내는 것이 아니라 니체의 이야기를 표피적으로 반복해서 언급한다는 한계가 있다. 따라서 이 책을 읽고 난 뒤에도 니체 철학에 대한 갈증은 여전히 남아 있을 것이다.

키스 안셀 피어슨,《How To Read 니체》, 서정은 옮김(웅진지식하우스, 2007)

잘 알려진 'How To Read' 시리즈의 한 권이다. 뛰어난 안내자의 도움을 받아 독자들이 위대한 사상가의 저술을 직접 만나게 하는 것이 이 시리즈의 목표이다. 다른 입문서들과 달리 이 시리즈의 저자들은 사상가의 원문에 대한 해석을 바탕으로 독자들을 안내한다. 니체의 경우도 마찬가지다. 원전 텍스트와 직접 대면하는 방식 때문에 일반 독자들에게 다소 딱딱한 책으로 여겨질 수 있지만, 조금만 집중력을 발휘한다면 노력 이상의 결실을 맛볼 수 있다.

질 들뢰즈,《들뢰즈의 니체》, 박찬국 옮김(철학과현실사, 2007)

유명한 프랑스의 현대철학자 들뢰즈가 쓴 니체 해설서이다. 대부분의 입문서와 마찬가지로 니체의 생애부터 서술하고 있다. 니체 사상의 핵심을 간명하게 소개하는 가운데 시종일관 짜릿함을 느끼게 해주는 것은 다른 입문서들과 다른 점이다. 그럼에도 이 책을 읽는 것이 힘에 부치는 독자라면 '니체는 무엇을 말하고 싶어 하는가'라는 옮긴이 해설을 먼저 읽는 것이 좋다.

이상의 독서에 만족하지 못하는 독자라면, 니체의 저작에 직접 도전해보는 것이 좋다. 특히 니체가 직접 자신의 저작들을 요약 소개하고 있는 〈이 사람을 보라〉(니체전집 15권《바그너의 경우 · 우상의 황혼 · 안티크리스트 · 이 사람을 보라 · 디오니소스 송가 · 니체 대 바그너》, 백승영 옮김, 책세상, 2011)와 니체 스스로 자기 철학의 진수를 담고 있다고 말한《차라투스트라는 이렇게 말했다》(니체전집 13권, 정동호 옮김, 책세상, 2000)를 읽어볼 것을 권한다. 백승영이 쓴《니체─건강한 삶을 위한 긍정의 철학을 기획하다》(한길사, 2011)를 함께 읽는다면 큰 도움이 될 것이다.

2장

미래의 삶이 불안한가

스토아학파의 무정념apatheia, '감정을 최적화하라'

S · t · o · i · c · i · s · m

스토아학파Stoicism(BC 3세기~AD 2세기)
기원전 3세기 제논에서 시작되어 기원후 2세기까지 이어진 헬레니즘 철학을 대표하는 학파. 논리학과
자연학·윤리학 분야에서 많은 업적을 남겼다. 이들은 인간이 행복하기 위해서는 정념에서 벗어나 이성
을 따라야 한다고 했으며, 이성을 갖는 한 모든 인간은 서로 평등하다는 세계시민주의를 주창했다. 대
표적인 철학자로 크리시포스, 세네카, 에픽테토스, 아우렐리우스 등이 있다.

미래가 불안한가?
스토아 철학에 귀 기울여보라

자기 앞에 펼쳐질 미래의 삶을 궁금해하지 않는 사람이 있을까? 진학이든 취업이든 혹은 무병장수와 관련된 것이든 상관없이 말이다. 정확하게 알 수만 있다면 어떤 대가라도 치르겠다는 것이 인지상정 아닐까? 그렇지 않고서야 그렇게 많은 사람들이 시도 때도 없이 점술가를 찾아가 돈을 쥐가며 미래를 알려달라고 하겠는가? 어디 이뿐인가? 온라인이건 오프라인이건 각종 미디어에는 거의 예외 없이 오늘의 운세가 실려 있지 않은가? 심심풀이로 본다지만, 그걸 보지 않으면 뭔가 개운치 않다는 사람이 어디 한두 사람인가.

사실 미래의 삶을 그저 궁금해하는 데 그치지 않고 불안해하고, 불안감을 해소하고자 비합리적인 것들에 빠져들곤 하는 모습은 언제 어디서

나 낯설지 않다. 요즘 한국 젊은이들이 자신의 미래에 대해서 지나치게 불안해하고 너 나 할 것 없이 몸살을 앓는다고 해도 별 일 아니라며 대수롭지 않게 넘길 수도 있다는 얘기다.

그러나 전 세계 청소년 행복지수를 분석한 결과 한국이 OECD 국가들 중 꼴찌이고, 이것이 미래 삶에 대한 불안과 깊게 연관되어 있다면, 좀 달리 생각해야 하지 않을까? 젊은이들을 절망으로 몰아넣는 사회구조적인 문제를 지적하고, 문제 해결을 위해서 위정자, 정당이, 시민단체가, 기업이, 국민 모두가 어떻게 해야 하는가를 설득력 있게 말해줘야 속 시원하지 않겠는가. 청년실업이 어제 오늘의 일이 아니고, 글로벌 시대에 전 세계적인 경제침체가 장기화되는 상황이니 더 말해 무엇하겠는가.

요컨대 요즘 젊은 친구들이 자신의 미래에 대해 도가 지나치다 싶을 정도로 고민하는 것과 관련된 삶의 객관적 조건을 냉철하게 분석하고 문제 해결을 위한 합리적 방안을 설득력 있게 제시해야 하지 않겠는가. 그건 불가피한 성장통이고, 시간이 지나면 다 아름다운 추억으로 남을 거라는 말에 고개를 끄덕이기는 어려울 것이다. 물론 많은 사람들이 그런 찰나의 위안에 환호를 보내기도 하지만 말이다.

그런데 만일 그런 불안감의 근본 원인이 자기 외부가 아니라 내부에 있다고 한다면 어떻겠는가? 뭐든 하기 나름이라는 얘길 하려는 게 아니다. '모두가 내 탓이오'라고 설교하려는 것도 아니다. 객관적인 조건을 부정하자는 것도 아니다. 그럼 무슨 얘기를 하자는 것인가?

가만히 한번 헤아려보자. 요즘 대학생들이 학교에 입학하자마자 진로 문제로, 취업 문제로 늘 좌불안석인 이유를. 과거 같으면 3학년이 돼서야 했던 고민들을 1학년 때부터, 그것도 아주 심각하게 하는 이유를. 1학년들에게 대학 생활을 가장 힘들게 하는 게 뭐냐고 물었을 때, 취직 문제라고 답한 학생들이 압도적으로 많았던 이유를.

고용 없는 성장의 지속, 경기침체의 장기화 등에 따라 기업이 새로운 일자리 만들기를 꺼리면 당연히 취업률이 낮아진다. 이는 객관적인 현상이다. 그러나 '객관적인 상황'과 '그로 인해 심한 불안감에 빠져 있다'는 것은 흔히 생각하는 바와 달리 별개의 문제이다. 엄밀하게 말하자면 전자는 객관적인 것인데 반해서, 후자는 자신의 감정적 판단에 빠져 있는 것이다. 다시 말해 후자는 객관적인 상황에 대한 자신의 주관적 감정에 얽매이는 것이다. 다소 거칠게 말하자면 감정의 노예가 되는 것이다. 꼭 그럴 이유는 없는데 말이다.

취직을 해야 하지만, 경제 상황이 악화돼 취직하기 어려워졌는데 기분 좋은 사람이 있을까? 그렇지만 객관적으로 취직하기 어려워졌다고 해서, 그런 상황에 대한 감정적 판단에 얽매일 필요는 없다. 쉽지는 않겠지만 그런 감정적 판단에서 자유로워질 수 있다는 얘기다. 그런 자유로운 상태가 스토아학파가 말하는 무정념의 상태이다. 그들은 무정념의 상태에 놓일 때 행복할 수 있다고 말한다.

지난 여름 중국 상하이에 갔다 돌아오던 길에 있었던 일이다. 귀국을 하루 앞두고 상하이 대한민국 임시정부 청사에 들러 전시물을 관람한 뒤, 기념품 판매소에서 무엇을 살까 고민하고 있었다. 적당한 게 눈에 띄지 않아 발걸음을 옮기려는 순간 국내에 잘 알려진 중국산 고량주가 눈에 띄었다. 잠깐 고민하다 귀국 후 지인들과 어울려 담소를 나눌 때 필요하겠다 싶어 포장을 부탁했다. 그러면서 판매소 직원에게 물었다. 이것을 갖고 기내에 탑승할 수 있느냐고. 최소한 서너 번은 물었던 것 같다. 직원은 전혀 문제가 없다고 거듭 얘기해줬다.

　하루가 지나 귀국을 위해 중국 공항에서 탑승 수속을 밟던 중, 공항 검색대에서 문제가 발생했다. 중국 공안원 한 명이 가방을 열어보라는 거였다. 어리둥절했지만 열지 않을 수가 있는가? 공안원은 내 가방에 든 술병을 지적하며, 기내 반입이 불가능하니 가방을 수하물로 부치라고 했다. 아차 싶었다. 일정량 이상의 액체를 소지한 채로 기내에 탑승할 수 없다는 사실이 그때야 비로소 떠올랐던 것이다. 그러나 이미 버스는 떠난 뒤였다. 경험해본 사람은 알겠지만 공항 검색대에서 그런 일을 당하면, 정말 말로 표현하기 어려운 굴욕감이 밀려온다. 도리가 없었다. 다시 수속을 밟는 수밖에.

　나의 복잡한 심정은 나에게 술을 판 상하이 임시정부 기념품 판매소 직원에 대한 원망과 분노로 이어졌다. 별의별 생각이 다 들었다. 한번 일기 시작한 감정의 파도는 좀처럼 가라앉을 기미를 보이지 않았다. 그러던 중 착륙을 알리는 승무원의 기내방송이 나올 때쯤, 불현듯 이런 생각에 이르렀다.

　'그렇지, 공항 검색대에서 벌어진 일과 그에 대한 감정적 판단은 별개 문제지. 더욱이 기념품 판매소 직원에 대한 감정적 판단과는 말이야.' 그러고 나자 '구별해야 한다는 생각'과 '그게 구별이 되느냐는 생각' 간의 투쟁이 시작되었다. 아니 조금만 틈을 주면 '구별할 수 없다는 판단'

이 날 지배하려고 난리였다. 나는 의식을 집중해서 그런 감정적 판단에 굴복하지 않으려고 무던히도 애를 썼다. 그렇게 애를 쓴 덕에 공항버스를 타고 집으로 돌아올 때쯤에는 그 감정에서 완전히 벗어날 수 있었다. 그러자 이런 생각까지 들었다. '그래 그 여직원이 악의적으로 그런 말을 한 것도 아닐 텐데. 그리고 설사 악의적으로 그랬다 하더라도 수속을 밟기 전에 내가 한 번 더 점검할 수도 있지 않았는가?' 집에 돌아와 그 얘기를 아내에게 했다. 아내는 피식 웃으며 한마디 거들었다. "어떻게 그걸 들고 기내에 탑승하려고 하셨을까~?" 나는 그저 말없이 웃을 수밖에 없었다.

그렇다. 우린 너무도 자주 '객관적인 상황'과 '그 상황에 대한 주관적 감정'을 구분하지 않는다. 그러곤 주관적 감정에 빠져 허우적댄다. 그 감정의 노예로 살아가는 시간이 생각 외로 너무 많다는 얘기다. 이런 사람들에게 스토아학파 철학자들은 외친다. 자기가 할 수 있는 것과 할 수 없는 것을 잘 구분하라고. 외적인 것을 탓하지 말고, 그에 대한 자신의 감정을 탓하라고. 미래의 삶(취업, 안정적인 삶의 조건)에 늘 불안해하는 건 객관적 삶의 조건 탓이 아니라고. 객관적 조건에 대한 감정적 판단에 얽매이기 때문이라고. 행복한 삶을 위해선 그 감정적 판단에 굴복해서는 안 된다고. 그 때문에 조금이라도 시간을 허비하지 말라고. 그걸 직시한다면 지금, 바로 지금 하고자 하는 일에 몰입하라고. 거기에 행복이 있고, 자기 자신의 주인이 되는 삶이 있다고.

자, 이제 스토아학파의 이런 외침을 좀 더 들여다보자. '미래에 벌어질 일에 대한 감정적 판단에 얽매여 사는 건 아닌가?' 한번 되짚어보는 시간을 가져보자는 말이다.

자신이 할 수 있는 일과 할 수 없는 일을
잘 헤아려 행동하라

스토아학파는 기원전 300년경 키프로스의 키티움에서 태어난 제논
Zenon이 창시했다. 이 학파는 아테네 아고라의 지붕 덮인 채색 스토아
(주랑柱廊)에서 만나 철학적 담소를 나누었다. 그래서 스토아학파라고
불리게 되었다.

스토아학파에 의하면, 인간의 행복은 이성logos을 따르는 데 있고, 그
러기 위해서는 정념의 상태에서 벗어나는 게 무엇보다 중요하다. 정념
이란 어떤 것에 대한 감정 혹은 감정적 판단에 지속적으로 붙들려 있는
상태를 말한다. 감정 혹은 감정적 판단에 지속적으로 얽매여 있다는 점
에서 정념은 단순한 충동과는 구별된다. 충동이 순간적 감정이라면, 정
념은 '얽매여 있는 지속적인 감정'을 말한다. 분노, 시기, 질투, 불안, 공
포, 우쭐댐 등이 정념의 대표적인 예들이라 할 수 있다.

스토아학파에 따르면 모든 생물에는 통치 원리가 있다. 그리고 그것
에 따를 때 행복하다. 성숙한 인간의 통치 원리는 이성을 따르는 것이다.
정념에 얽매이는 삶은 그런 인간의 통치 원리에서 벗어나는 것이다. 정
념은 이성이 감정에 굴복하는 데서 생겨난다. 그러므로 이성의 판단을
따를 때 정념에서 벗어날 수 있다. 감정이 아니라 이성의 판단을 따르는

것이 제대로 아는 것이며, 바로 인간의 덕德이다. 또 인간의 본성을 따르는 것이기도 하다. 더불어 그것만으로도 행복에 이르는 데 문제가 없다는 게 스토아학파의 주장이다.

스토아학파의 활동은 초기, 중기, 후기로 나뉜다. 후기 스토아학파를 대표하는 인물 중 한 사람이 에픽테토스Epiktētos이다. 그에 따르면, 우리가 정념의 상태에 빠지지 않기 위해서 무엇보다도 중요한 건 자신이 할 수 있는 일과 할 수 없는 일을 구분하는 것이다.(《엥케이리디온》) 그런데 우리가 확실히 할 수 있는 일은, 이성의 힘으로 '어떤 것에 대한 감정적 판단'에 빠져들지 않는 것밖에 없다. 그 이외에 우리 외부에서 벌어지는 일 중에 우리 자신이 확실히 할 수 있는 건 전혀 없다고 에픽테토스는 말한다.

세상만사 중에 우리가 할 수 있는 일이라고는 '감정적 판단의 상태에 빠져들지 않는 것'뿐인가? 정말 그런가? 우리는 자유의지를 갖고 있으며, 자유의지에 따라 삶을 계획하고 이를 실현시킬 수 있지 않은가? 게다가 돈 많고 힘 있으면 못할 게 없다고들 하지 않는가? 맞다. 우린 자신의 의지대로 살아갈 수 있는 존재다. 그리고 물질적 풍요는 우리 자신의 의지대로 살아가려는 삶을 더 수월하게 해줄 수 있다.

그러나 우리에게 자유의지가 있다고 한들, 돈과 권력이 있다고 한들, 생과 사를 뜻대로 제어할 수 있나? 그렇게 할 수 있는 사람은 아무도 없다. 나이 들고 병드는 걸 자기 뜻대로 막을 수 있는 사람 역시 어디에도 없다. 어니 이뿐인가? 작금의 정당정치에 많은 문제점이 있으나 뜻대로 바꿀 수도 없다. 어려운 경제 현실을 손바닥 뒤집듯 바꿀 수 있는 것도 아니다. 성공을 꿈꾼다고 해서 자신의 뜻대로 일이 술술 풀리는 것도 물론 아니다.

이에 반해서 어떤 것에 대한 감정적 판단의 상태에서, 그것도 지속적인 감정적 판단의 상태에서 벗어나는 것은 해낼 수 있다. 얼핏 그거야말로 자기 맘대로 할 수 없는 것 아닌가? 하고 의구심을 품을 만하다. 하지만 곰곰이 생각해보면 그렇지 않다. 어떤 대상이나 사람에 대한 감정적 판단에 얽매이는 데서 충분히 벗어날 수 있다는 얘기다.

사람에 따라 또 상황에 따라 다소 차이가 있기는 하겠지만, 길을 걷고 있는데 미안하다는 말 한마디 없이 누군가 어깨를 툭 치고 지나간다면 기분 좋을 리 없다. 아니, 경우에 따라서는 주체할 수 없을 정도로 화가 치밀어 오를 수 있다. 공공장소에서 새치기하는 사람, 혼잡한 교통상황에서 끼어들기 하는 얌체 운전자 등을 목격할 경우에도 사정은 비슷하다.

이 정도인데, 자신에게 금전적으로 막대한 손해를 입힌 사람에 대한 감정을 뜻대로 제어할 수 있을까? 사랑하는 사람에게 위해를 가한 사람을 감정적으로 흔들림 없이 대할 수 있을까? 악성 루머를 퍼뜨려 자신을 곤경에 빠뜨린 사람을 평온한 마음을 갖고 상대할 수 있을까? 에픽테토스에 따르면, 가능하다. 그렇게 하는 것이 우리의 본성을 거스르지 않는 일이자 자연의 이치를 따르는 일이다. 바로 거기에 행복이 놓여 있다.

자신에게 금전적으로 엄청난 피해를 입힌 사람에게 분노하는 건 당연한 일이라고 우리는 생각한다. 사실 조금도 이상할 게 없다고 여길 법도 하다. 그렇지만 감정에 휩쓸리지 않도록 냉정을 유지하고 보면, 분노는 그 사람 자체로 인해 치밀어 오른 것이 아니라는 점을 알 수 있다. 그 사람에 대해 감정적 판단을 내리고, 그러한 판단을 지속시키는 데서 분노가 생기는 것이다. 화가 치밀어 오르도록 감정적 판단을 계속 방치한 데서 분노가 만들어진다는 얘기다. 달리 말하자면 우리는 그 감정적 판단을 이성의 힘으로 넘어설 수 있다. 이성의 힘으로 '어떤 사람에 의해 금전적 피해를 입게 된 나의 객관적 상황'과 '나에게 금전적 피해를 입힌 사람에 대한 증오의 감정'이 필연적 인과관계에 있는 게 아니라는 사실을 각인함으로써, 감정적 판단에 굴복당하는 상황에서 벗어날 수 있는 것이다. 그래서 세네카는 '분노란 것은 이성이 감정에 굴복함(이성의 동의) 없이 생겨나지 않는다'고 말한다. 물론 위와 같은 상황에서 이성으로 감정을 극복하기가 쉽지는 않을 것이다. 그러나 분명한 건 우리는 그렇게 할 수 있다는 사실이다.

이쯤 얘기하면, 누군가 심각한 표정을 지으며 물을 수 있다. 그렇다면 무조건 용서하라는 말인가? 그런 사람들에게 어떤 조치도 취하지 말라는 얘기인가? 여기서 문제의 초점은 그게 아니다. 중요한 건, 정념으로 빠질 수밖에 없느냐, 아니면 거기서 벗어날 힘을 우리가 지니고 있느냐 하는 것이다. 정념에 빠져 있는 게 우리의 본성이냐, 그렇지 않으면 벗어나는 게 우리의 본성이냐가 관건이다. 즉 자신에게 금전적으로 막대한 손실을 입힌 사람을 증오의 대상으로 바라보면서 분노를 터트리느냐 그렇지 않느냐는 전적으로 우리 자신에게 달려 있다는 얘기다. 물론 에픽테토스에 따르면, 이성이 정념에 굴복하지 않는 것이 인간의 본성이다.

이처럼 에픽테토스에 따르면, 우리가 할 수 있는 일과 할 수 없는 일을

루카 조르다노, 〈세네카의 죽음〉, 17세기
로마의 정치가 · 연설가 · 비극작가이자 대표적인 스토아 철학자인 세네카는 이성을 통해 정념에서 벗어날
것을 주장한다. 이성을 통해 정념에서 벗어나는 것이야말로 인간이라면 마땅히 추구해야 할 덕이며, 행복도
거기에 있다고 그는 말한다.

잘 구분해서 살아가는 게 중요하다. 그럼에도 불구하고 많은 사람들은
그러한 구분을 제대로 하지 못하고, 자신이 할 수 없는 일에 매달린 채 살
아간다. 바로 그로 인해 삶의 많은 시간을 정념에 빠져 허우적거리며 보
낸다. 자신이 할 수 있는 일과 할 수 없는 일을 잘 헤아려서 자신이 할 수
있는 일에 최대한 노력을 기울이는 게 인간의 본성을 따르는 것이고 거
기에 행복이 놓여 있음에도 말이다.

　우리는 늘 어떤 목표를 세우고, 거기에 도달하려고 애쓰면서 살아간
다. 지극히 자연스러운 모습이다. 문제는 목표를 성취하지 못했을 때 발
생한다. 그러면 많은 경우, 주변을 탓하고 시대를 탓하면서 '절망이라는

정념'에 빠져들곤 한다. 사랑하는 사람과 바라는 대로 열매를 맺을 수 있기를 바라는 것 역시 너무도 당연한 일이다. 그런데 자신의 바람대로 되지 않았을 때, 상대를 탓하고 자신의 조건을 탓하며, '실연의 아픔이라는 정념'으로 빠져들곤 한다. 그 속에서 하염없이 힘들고 고통스러운 날들을 흘려보내고 만다. 어디 이뿐인가? 사실 가만히 들춰보면, 우리 삶의 너무도 많은 부분이 이런 정념으로 채워져 있다. 심지어는 자신이 보낸 문자 메시지에 대한 답신이 오지 않는다고 상대방을 혐오하고 급기야 분노를 표출하지 않는가. 그러지 않을 수 있음에도 불구하고, 거의 한시도 정념에서 벗어나지 못하는 게 우리의 모습이라는 얘기다.

그래서 에픽테토스는 자기가 원하는 대로 세상사가 돌아가기를 바라지 말고, 돌아가는 대로 세상사를 직시할 줄 알아야 한다고 말한다. 세상이 자기가 원하는 대로 돌아가기를 바라는 것만큼 어리석은 짓은 없다는 얘기다. 세상사 뜻대로 안 된다고 불평·불만을 쏟아놓으며, 때론 절망을, 때론 분노를, 또 때론 실연의 아픔을 달고 사는 어리석음을 범하지 말라는 것이다.

어느덧 프로 스포츠가 우리 삶 깊숙이 스며든 것 같다. 자신이 열렬히 응원하는 야구팀이나 축구팀이 혹은 농구팀이 승리하지 못하면 밤잠을 설치기까지 하는 사람들도 제법 있다. 아니 꽤 많은 것 같다. 특히나 자신이 응원하는 팀이 경기 내내 줄곧 앞서나가다가 막판에 역전을 허용해서 패하기라도 하는 날엔 더욱 그렇다. 그럴 때 전형적으로 나타나는 현상이 있다. 자기가 응원하는 팀 선수를 탓하고, 감독을 탓하고, 심판을 탓하고, 나아가 상대팀 선수와 감독을 증오의 대상으로 삼기도 한다. 이 정도에 그치면 그래도 괜찮다. 종종 주변 사람들에게 화풀이를 하는 경우도 있으니 말이다.

그런데 가만히 생각해보자. 과연 그럴 일인지. 그런 분노, 증오 등이 뒤섞인 감정이 선수나 감독 혹은 심판 탓인지 말이다. 주체하지 못할 감정 상태에 빠진 것은, 객관적인 조건 탓이 아니다. 자신이 분노와 증오의 감정에 굴복했기 때문이다. 이성의 힘으로 그 상태에서 벗어날 수 있음에도 불구하고 말이다. 그리고 감정의 판단에 굴복할 경우, 경기 자체를 즐기기란 요원할 수밖에 없다.

외적인 것의 본성을 직시하고, 자신의 감정적 판단에 의지하지 마라

스토아학파에 따르면, 정념에 얽매이는 데서 생겨나는 괴로움과 고통의 원인은 외적인 것에 있지 않다. 그에 대한 자신의 감정적 판단에 있다. 에픽테토스는 그런 감정적 판단에 쉽게 굴복하지 않으려면, 외적인 것의 본성을 직시해야 한다고 말한다.

나는 오래전부터 만년필을 즐겨 사용해왔다. 종류에 따라 다르긴 하지만, 새로 산 만년필을 대략 6개월 이상 사용하다 보면 만년필에서도 내 호흡이 느껴진다. 그쯤 되면 당연히 애지중지하게 되는데 그러다 예기치 않게 만년필을 잃어버리는 경우가 종종 있다. 여기저기 찾아보다 분실을 확신하는 순간이 되면 혈액순환은 물론이고, 호흡조차 원활치 않을 때가 있다. 이런 상태는 내가 만년필 분실에 대한 감정적 판단에 거의 종속되어가고 있음을 의미한다. 가끔은 그 애석한 감정을 삭이지 못하고 밖으로 표출하는 경우도 있다. "아, 가방에 넣고 다녔어야 하는데, 괜히 양복 안주머니에 넣었다가 말이야, 술자리에 가지 말고 집에 왔어야 했는데, 쓸데없이 갔다가 버스 타고 오느라고……아무래도 지갑 꺼내다 빠뜨린 것 같은데, 이거야 원" 등등. 그렇게 표출된 감정은 쉽사리 가라앉지 않는다. 대가가 필요하기 때문이다.

똑같지는 않겠지만 유사한 상황은 누구에게나 일어날 수 있다. 이런 상황과 관련하여, 에픽테토스는 사물의 본성 혹은 사태의 본성을 직시하라고 말한다. 내가 잃어버린 것은 어디까지나 만년필이라는 필기도구이다. 거기에서 내 호흡이 느껴진다고 하는 것은 도구에 대한 나의 감정적인 판단에 불과하다. 잃어버리기 전까지 내가 소유했던 만년필은 상점에 가면 얼마든지 있다. 대체 불가능한 물건이 아니라는 말이다. 설사 동일한 종류의 만년필이 없다고 하더라도 다른 종류의 만년필을 구입하면 된다. 그건 필기도구에 불과하기 때문이다. 그렇게 생각하면, 만년필 분실로 생겨난 분한 마음에 계속 머물러 있는 것은 어리석은 일이라는 게 분명해진다.

대단히 혼잡한 도심 한가운데를, 그것도 가장 차가 많이 몰리는 출퇴근 시간에 차를 몰고 통과한다고 생각해보자. 그럴 경우 교통법규를 어겨가면서까지 빨리 가려는 차들이 적지 않을 거라고 충분히 예상할 수 있다. 그런 사람이 최소한 없지는 않을 것이라고 누구든 예상할 수 있다. 그러면서도 정작 그런 운전자가 나타나면 우리는 어떻게 행동하는가? 삿대질을 해가며 비난을 퍼붓거나, 그것도 모자라 욕설까지 하며 다투는 경우를 심심치 않게 목격한다. 출퇴근 시간 혼잡한 도심 한가운데서 벌어질 수 있는 일의 본성을 파악하면, 자신의 감정을 추스르지 못하고 그렇게 행동하지는 않을 것이라는 게 에픽테토스의 주장이다. 그의 말을 더 들어보자. 에픽테토스는 공중목욕탕에 갔다가 거기서 벌어지는 비상식적인 모습을 목격하고 감정을 실어 비난하는 사람에 대해서 말한다. 공중목욕탕에 온 누군가 다른 사람을 개의치 않고, 왁자지껄 떠드는 모습에 흥분해서 그를 비난하는 경우이다. 그러나 에픽테토스는 그런 이를 비난하는 것이 공중목욕탕이라는 장소의 본성을 제대로 파악하지 못한 탓이라고 말한다. 공중목욕탕엔 그런 사람들이 있게 마련이라는 얘기다. 그러니 그들 때문에 목욕을 제대로 하지 못했다고 감정을 섞어가며 험한 소리를 쏟아내는 이유는 외적인 것의 본성을 제대로 파악하지 못했기 때문이라는 주장이다. 탓하려면 그런 목욕탕에 대한 주관적 감정을 추스르지 못하고, 그 감정에 완전히 지배당한 자신을 탓하라고 그는 말한다.

사실 에픽테토스를 비롯한 스토아학파 사람들의 외적인 것의 본성에 대한 언급은 이런 정도에 그치지 않는다. 그들은 심지어 죽음에 대해서도 이와 같은 입장을 견지해야 한다고 말한다. 가족이든 혹은 지인이든 정말 사랑하는 사람이 홀연히 세상을 등졌다고 해보자. 그 슬픔이란 이루 말할 수 없이 크지 않겠는가? 눈물을 펑펑 쏟으며, 목청껏 소리 높여 운다고 한들 그 슬픔이 이내 가시겠는가? 몇 날 며칠, 길게는 몇 년씩 슬픔에 잠겨 아무 일도 하지 못할 수 있을 것이다, 아니 평생 그러는 경우도 종종 있다.

그러나 죽음이란 무엇인가? 삶과 떼어놓고 생각할 수 없는 것 아닌가? 그 무엇도 영원히 살 수 없지 않은가? 살아 있는 존재는 죽을 수밖에 없지 않은가? 그것이 삶과 죽음의 본성 아닌가? 그런 본성을 제대로 파악한다면, 사랑하는 사람이 자신보다 일찍 세상을 등졌다고 해서, '가눌 수 없는 슬픔'이라는 정념에 빠진 채로 살아간다는 건 어리석은 짓이라는 얘기다.

많은 사람들이 자신의 미래에 대해서 불안해한다. 특히나 요즘 한국 대학생들의 미래에 대한 불안감은 심각한 수준이라고 여기저기서 얘기한다. 이런 현상을 보고 에픽테토스라면 뭐라고 말할까?

미래에 자신에게 어떤 일이 벌어질지는 아무도 모른다. 제 아무리 재산이 많고 온갖 권력을 다 쥐고 있는 사람이라 하더라도 앞날을 알 수는 없다. 확실하게 말할 수 있는 건 '확실하게 말할 수 있는 것이 전혀 없다'는 말뿐이리라.

그런 미래의 일을 암울하게 그리고, 비참한 모습을 떠올리며 불안감에서 벗어나지 못하는 것은 정념의 전형적인 모습이라 하겠다. 그렇게 살아가는 것이야말로 어리석기 짝이 없는 일이다. 그럼에도 불구하고 세상이 그렇게 얘기한다며, 혹은 객관적 조건이 그렇게 만든다면서, 암울함에 짓눌려 당장 해야 할 일도 하지 않으면서 하루하루 살아가는 경우가 의외로 많다.

이는 인간의 본성에 합당한 삶이 아니다. 불확실하기 짝이 없는 미래를 감정적으로 평가한 뒤, 거기에 매달리는 삶이나 다름 없다. 그래서 세네카는 말한다. "미래는 모두 불확실한 법이니, 현재를 살도록 하라"고. 미래를 무계획적으로 맞이하라는 얘기가 아니다. 무엇을 할 수 있고, 무엇을 할 수 없는지를 잘 헤아려서, 할 수 있는 일에 최선을 다하라는 말이다. 미래라는 것에 현재를 저당 잡히지 말고, 매 순간 할 수 있는 일에 몰입하라는 얘기다. 그래야만 자기 자신의 주인이 되는 삶을 살 수 있다. 그러지 않을 경우에는 미래에 대한 주관적 감정에 매달리며 살 수밖에 없다. 그런 삶은 자기 감정의 노예가 된 삶과 다르지 않다. 우리 모두 자기 삶의 주인이 되어야 하지 않겠는가.

탐하려거든
시간을 탐하라

사람들은 인생이 짧다고들 한다. 힙포크라테스가 말하지 않았던가. '인생은 짧고 예술은 길다'고. 아리스토텔레스 역시 마찬가지다. 그는 말한다. 많은 일, 큰 일을 해야 하는 인간에게 자연은 너무도 짧은 수명을 허락한다고.

그러나 세네카에 따르면, 인생은 짧지 않다. 쓸데없는 데 시간을 허비하기 때문에 짧은 것처럼 여겨질 뿐이다. 인생은 충분히 길며, 큰일을 해내기에도 넉넉한 세월이 우리에게 주어진다. 우리 자신이 수명을 짧게 만든 것이고, 수명을 낭비하는 것이라는 말이다.

가만히 한번 따져보자. 개인에 따라 차이가 있겠지만, 자기가 해야 할 일에 혹은 하려는 일에 온전히 정신을 집중해서 일하는 시간이 하루 중 얼마나 되는지. 의외로 많지 않다는 걸 알 수 있다. 그럼 나머지 시간에는 무얼 하는가? 시도 때도 없이 정념에 빠져 지낸다고 해도 지나치지 않다.

그래서 세네카는 말한다. 어떤 사람은 재물에 대한 탐욕에 사로잡힌 채로, 어떤 사람은 명예욕에 빠진 채로, 또 어떤 사람은 사업에 대한 맹목적 욕망에 휩싸인 채로, 또 다른 사람은 두려움에 얽매인 채로 살아간다고. 이런 까닭에 어떤 시인은 '우리가 사는 건 인생의 일부분이며, 그 나머지는 인생이 아니라 그저 시간이다'라고 노래했던 것이다. 그래서 사람들은 집중을 요하는 가장 짧은 시간에도 집중하지 못하고, 이런저런 정념에 사로잡힌 채 이래저래 그냥 시간을 보낸다고 할 수 있다. 마치 파도에 일렁이는 너울처럼 흔들리면서 말이다.

세네카는 말한다. 사람들은 재산을 잃는 데는 인색하면서도, 시간을 낭비하는 데는 너그럽다고. 자기 재산에 작은 손실이 생길 듯한 경우에도 죽기 살기로 막으려고 하면서, 남들이 자기 인생에 끼어드는 경우에는 내버려둔다는 얘기다. 시간에 관한 한 탐욕이 정당한데도 말이다. 근거 없는 괴로움, 어리석은 즐거움, 탐욕스런 욕망 등에 시간을 낭비하지 말고, 자신의 확고한 계획에, 하려는 일에 몰입해서 스스로 주인이 되는 삶을 살아야 하지 않겠는가라는 말이다. 세상을 손에 쥐었다 한들, 내내 정념에 쫓겨 다니느라 자기 삶의 주인이 되지 못한다면 무슨 의미가 있겠는가?

큰애가 태어나고 나서 얼마 안 된 시점이었다. 저녁에 잠을 제대로 이루지 못했다. 혹시라도 아이를 두고 세상을 등지면 어쩌나 하는 근심과 걱정에 하루도 편할 날이 없었다. 게다가 날이 갈수록 증상이 심해지는 듯싶었다. 견디다 못해 나보다 먼저 결혼 생활을 시작했던 친구에게 물어봤다. 내 얘기를 한참 듣고 있던 친구가 빙그레 웃으면서 말했다. 괜한 걱정하지 말고, 그런 걱정할 시간 있으면, 어떻게 하면 애한테 더 잘해줄 수 있을까 궁리하라고. 적지 않은 사람들이 겪는 현상이라 한다.

그 말을 듣고 한편으론 안심이 됐지만, 다른 한편 여전히 죽음에 대한 공포가 사라지지 않았다. 그런 공포감에서 완전히 벗어나기까지는 그 후로도 한참이 걸렸다. 지금 후회한다고 해도 소용없고, 그런 후회는 나를 또 다른 정념에 빠뜨리겠지만, '하지 않아도 될 괜한 걱정과 근심'에 사로잡혀, 정작 해야 할 일에 매진하지 못했던 시간이었다.

이뿐이 아니다. 대학 졸업을 앞두고 미래의 삶에 대해 불안해하고 걱정하며 허비했던 시간도 큰애 낳고 걱정과 근심 속에서 그냥 흘려보냈던 시간과 다르지 않았다. 마치 그 시간이 남아돌고 대치할 수 있는 시간인 양 흘려보냈던 말이다.

혹자는 얘기할지 모른다. 젊어서 누구나 겪는 일이고, 시간이 지나면 아름다운 추억으로 남을 수 있으니 할 수 있는 데까지 그렇게 해보는 것도 괜찮다고. 일견 그럴듯한 말이다. 그러나 과연 그럴 필요가 있을까? 겪지 않아도 되고, 고민하지 않아도 되는 일을 할 필요가 있는가. 그런 시간들을 보내고 나서야 정말 의미 있게 사는 법을 배우게 되는 건 결코 아니기 때문이다. 그렇게 시간을 보내는 데 관대한 사람은 사는 것을 배우는 데 평생을 허비하고야 마는 사람이다.

지속적인 무정념 상태를 벗어던지고
감정의 최적화를 시도하라

어떤 일이든 이성을 잃고 감정적 대응이나 판단에 휩쓸려 허우적댄 적이 있는 사람은 그게 얼마나 고통스러운 일인지 안다. 게다가 감정을 마구 쏟아내면 반드시 뒷감당하기 어려운 부산물이 꼬리를 물고 생겨난 다는 것도 안다. 감정을 쏟아내는 순간에는 생각지도 못했던 불편한 잡 념들이 의식 전체를 마비시킬 듯이 밀려든다. 마치 앞에 놓인 모든 것을 집어삼킬 듯이 밀어닥치는 끔찍한 쓰나미처럼 말이다. 심지어 이런 일 은 좋은 감정에 깊이 빠져 있는 경우에도 마찬가지로 일어난다. 사랑은 하면 할수록 마음이 아프다는 것이 괜한 얘기가 아니다. 그러니 스토아 학파가 일체의 정념에서 벗어난 무정념 상태에 이를 것을 주장하고 있 는 것 아니겠는가. 이런 점에서 보면 스토아학파의 메시지에 귀 기울일 만하다.

그렇지만 일체의 정념에서 벗어나라는 스토아학파의 주장이 일상인 들에게 얼마나 유효한지 의구심이 드는 것 또한 부인하기 어렵다. 이를 테면 나에 대한 악성 루머를 퍼트려 세상 사람들의 지탄을 받게 한 사람 에 대해서 분노하지 않을 수 있는가? 둘도 없이 아끼는 친구를 죽음에까 지 이르게 한 사람에게 무정념의 태도를 견지하는 게 가능한가? 끼니조 차 때우지 못할 상황에 처하게 만든 사기범에게 정념에서 벗어난 행동 을 보일 수 있는가?

이 같은 물음에 대해서, '무정념 상태에 이를 수 있으며 정념에 빠지

에드바르트 뭉크, 〈절규〉, 1893

이성을 잃고 마구 감정을 쏟아내면 불편한 잡념들이 의식 전체를 마비시킬 듯이 밀려든다. 앞에 놓인 모든 것을 집어삼킬 듯이 밀어닥치는 끔찍한 쓰나미처럼 말이다. 스토아학파는 일체의 잡념에서 벗어나라고 말한다.

는 건 바람직하지 않다'고 자신 있게 대답할 수 있는 사람이 얼마나 될지 의문이다. 또 설사 자신 있게 '그렇다'라고 대답한 사람도, 실제 그런 일이 자기 앞에 닥쳤을 때에도 무정념 상태를 유지할 수 있을지 의문이다. 그렇게 하기 쉽지 않다. 평범한 일상인으로서 그렇게 하기는 거의 불가능하다. 다시 말해 어떤 경우에라도 정념에 빠져서는 안 된다는 스토아학파의 주장은 일상인에게는 너무 가혹하다. 남이 내게 어떻게 하든, 세상이 어떻게 전개되든, 무정념 상태를 유지하라는 요구는 평범한 사람들에게는 너무 지나치다. 누군가 '현인은 언제나 온전하고 흔들리지 않는 자유를 누리며, 남에게 매이지 않고, 자신의 주인'이라고 노래한다고 하더라도 말이다.

그럼에도 불구하고 여전히 분명하고 중요한 점은, 우리는 외적인 것에 대한 감정적 판단에 얽매이지 않고 벗어날 수 있는 능력을 지니고 있다는 사실이다. 사안에 따라서, 성향에 따라서 다르겠지만 말이다. 적어도 졸업 후 진로와 관련해서, 졸업 후 취직과 관련해서 정념에 빠지는 데서는 누구나 벗어날 수 있지 않을까? 졸업 후 진로와 취업에 대한 정념에서 벗어나라는 주문이 미래를 계획하고, 계획의 실현을 위해서 최선을 다하는 삶에서 멀어지라는 얘기는 결코 아니다. 오히려 쓸데없는 감정에 빠져 시간을 허비하지 말고, 자신의 목표에 매순간 몰입하라는 얘기이다. 그것도 아주 철저하게 말이다.

정념에 빠져 있는 사람이라면 어떤 목표를 세웠다 해도 거기에 도달하기 쉽지 않을 것이다. 반면에 정념을 벗어던지고 자신의 목표에 몰입할 경우에는 목표 이상을 성취할 수도 있을 것이다.

이렇게 말했는데도 누군가 물음을 던질지 모른다. 정념에 빠지지 않고, 목표에 도달하기 위해 최선을 다했는데도 그 목표에 도달하지 못한다면 어떻게 하겠느냐고. 실망과 좌절에서 벗어나기 어렵지 않겠느냐고. 스토아학파의 현인이라면 뭐라고 답할까? 모르긴 해도 그건 이미 정념에 빠져 있는 상태라고 말하지 않을까? 그런 생각에 빠져 있을 시간에 지금 할 일을 찾아 거기에 몰입하라고 덧붙이면서 말이다.

또 누군가는 물을지 모른다. 일순간 무정념 상태에 놓였다가도, 또다시 밀려드는 감정에 자리를 내주는 게 우리의 모습 아니냐면서, 계속해서 무정념 상태로 존재하는 일이 가당키나 하냐고. 그래서 말하련다. 날마다 자신의 감정을 최적화하라고. 취업과 진로에 대한 불안감을 쉬지 말고 최적화하라고. 컴퓨터를 켜면 매번 최적화를 시도하듯이 말이다.

박사 학위 논문을 한창 쓰고 있을 무렵이었다. 알 만한 사람은 잘 알겠지만, 생각처럼 펜이 잘 나가지 않는다. 그러다 보면 스트레스를 받아 자학에 가까운 감정으로 밤들을 지새우기도 한다. 나도 마찬가지였다. 좌불안석하며, 감정을 추스르지 못하는 모습을 심심치 않게 보였던 것 같다. 그런 모습을 묵묵히 지켜보던 아내가 어느 날 한마디 툭 던졌다. "당신, 철학 박사 학위 받으려는 사람 맞아? 아니, 그런데 어떻게 자기 감정 하나 제대로 추스르지 못하시는가~? 집중을 할 수 없으면, 최소한 집중할 수 있는 조건을 만들려고 노력이라도 해야 하지 않아요? 그렇게 감정을 잘 추스르지 못해서야 되겠어요?"

핵폭탄이라도 맞은 듯한 충격을 받았다면 지나친 말일까. 그때 내 머릿속에 일었던 섬광은 무엇과도 비교가 안 될 정도로 강렬했다. 평소 그런 말은 거의 하지 않는 아내였기에 그 말에 실린 무게감은 엄청났다. 그리고 10여 년이 흘렀다. 나는 그때 일을 거의 잊고 지냈다. 까맣게 잊었던 일이 기억 속에서 되살아나고 있다. 바로 지금 말이다. 그래서 다시 한 번 말해본다. 학생들에게. 미래에 대한 불안감에 얽매여 쓸데없이 시간 보내지 말고, 단기 목표든 장기 목표든, 자신이 세운 목표의 실현을 위해 매 순간 몰입하라고. 그럴 때 자기 삶의 주인으로 살 수 있다고. 당장 그런 몰입이 어렵거든 몰입을 위해 자신의 감정을 최적화하라고. 날마다 쉬지 말고 말이다.

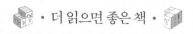

에픽테토스, 《엥케이리디온 — 도덕에 관한 작은 책》, 김재홍 옮김 (까치, 2003)

후기 스토아 철학을 대표하는 인물 중 한 사람인 에픽테토스의 핵심 사상이 담겨 있다. '엥케이리디온'은 선집 혹은 편람 便覽이라는 뜻의 라틴어로, 에픽테토스의 제자 아리아노스가 스승의 주저로 알려진 《담화록》의 핵심을 모아 엮은 것이 《엥케이리디온》이다. 일반 독자가 이해하기에 큰 어려움이 없도록 평이하게 쓰였으며, 스토아 철학의 핵심에 다가가는 데 도움을 준다. 게다가 옮긴이의 해제 〈헬레니즘 시기의 철학과 에픽테토스의 스토아 윤리학〉, 그리고 전승되는 텍스트 중에서 스토아 윤리학의 윤곽을 잘 보여주는 것들을 옮긴 '부록'은 에픽테토스의 저술로 만족하지 못하는 독자들이 스토아 철학 전체를 이해하는 데 훌륭한 길잡이가 되어줄 것이다.

루키우스 안나이우스 세네카, 《인생이 왜 짧은가 — 세네카의 행복론》, 천병희 옮김 (숲, 2005/2010)

역시 후기 스토아 철학을 대표하는 인물인 세네카가 쓴 철학 에세이 대화편 (모두 10편) 중에서 〈인생의 짧음에 관하여〉, 〈마음의 평정에 관하여〉, 〈섭리에 관하여〉, 〈행복한 삶에 관하여〉 네 편을 옮긴 책이다. 세네카는 로마 시대에 탁월한 웅변가이자 문필가로 명성을 날렸다. 그런 명성에 걸맞게, 또 스토아 철학의 주장에 어울리게 문장 하나하나가 수려하면서도 비장하다. 이 책 역시 일반 독자가 스토아 철학에 대한 사전 지식 없이도 충분히 소화할 만하다는 장점이 있다. 책의 말미에 실린 옮긴이 해제 〈로마의 정신 문화의 리더, 세네카〉는 세네카 또는 세네카의 사상이 스토아 철학 또는 헬레니즘 철학 안에서 어떤 위치를 차지하는지를 파악하는 데 도움을 준다.

마르쿠스 아우렐리우스,《명상록》, 이덕형 옮김(문예출판사, 2004)
에픽테토스, 세네카의 저술과 함께 로마화한 그리스 스토아 철학의 중요한 저서로 손꼽히는 책이다. 마르쿠스 아우렐리우스는 로마의 황제(161~180년 재위)를 지낸 인물로, 그의 사상은 후기 스토아 철학의 마지막을 장식한다. '스토아 최후의 철학자'인 셈이다.《명상록》은 에픽테토스의 충실한 제자로서의 마르쿠스 아우렐리우스 사상의 진수를 느끼게 해주는 책이다.

이상의 책을 읽고 난 뒤 스토아 철학을 헬레니즘 시대의 전체 흐름 속에서 체계적으로 파악하고 싶어 하는 독자에게는 조남진이 쓴《헬레니즘 지성사》(신서원, 2006)를 권하고 싶다. 분량이 많고 저자가 역사학자인 까닭에 헬레니즘 철학 전반과 스토아 철학의 철학적 깊이를 충분히 음미하기는 어려운 책이다. 그러나 바로 이 점이 일반 독자에게는 장점이 될 수 있다.

3장

나의 몫과 역할은 무엇인가

프로타고라스의 인간척도설homo mensura, '그 척도는 바로 나'

P·r·o·t·a·g·o·r·a·s

프로타고라스Protagoras(BC 485?~BC 414?)

고대 그리스의 대표적인 소피스트, 압데라 출신으로 수십 년 동안 아테네에서 활동하며 명성을 떨쳤으
나, 무신론적 철학을 펼쳤다는 이유로 추방되었다. 모든 인식과 가치판단은 상대적이라고 주장했지만,
합의를 통해 수정 가능한 상호 주관적 인식과 가치판단에 이를 수 있다고 보았다. 이 점에서 프로타고
라스는 온건한 상대주의자였다.

'자기 몫과 역할'은
스스로 정하는 것

아직도 자신의 몫과 역할을 하늘이 정해준다고 주장하는 사람이 있을까? 하지만 누구에게든 '신이 부여한 보석처럼 빛나는 몫'이 자기 안에 숨어 있으며, 간절히 그걸 찾을 때 온 우주가 도와준다고 말하는 작가의 책이 전 세계 독자가 열광하는 베스트셀러가 되는 게 현실이다.

그렇더라도 그런 일이 이른바 '실체적 진실'이라고 주장하는 사람은 없을 것이다. 자기 몫과 역할은 하늘이 정해주는 게 아니라 맥락과 상황에 맞게 스스로 만들어가는 거라고 다들 생각할 것이다. 그럴 경우 법을 포함한 사회 규범에 의해서 자신의 몫이 승인되는 게 중요하다. 이는 자신의 몫과 역할은 물론이고 법률 등도 결국 우리 자신이 만들어가는 것이며, 맥락과 관점에 따라서 다르게 볼 수 있고 달라질 수도 있다는 사실을 함축한다.

그럼에도 불구하고 우리는 그런 사실을 잊고 마치 자신의 몫과 역할이 애초부터 지금의 모습으로 주어진 것인 양 생각하고 행동한다. 다시 말해서 자신의 몫과 역할은 상대적일 수밖에 없다는 사실을 잊고, 마치 절대불변인 것처럼 착각하곤 한다. 이러한 모습은 지금까지와는 다른 환경에 놓일 때, 서로 다른 세대에 속하는 사람들 간에 의견이 부딪힐 때 자주 표출된다.

대학 입학 후 고등학교 때와 비교해서 너무 달라진 환경에 적응하지 못하고 힘들어하는 학생들이 적지 않다. 극히 예외적인 경우라 할 수 있지만, 약물에 의존해서 혼란스러운 상황을 잊어보려는 생각까지 했다는 학생도 있다. 고등학교 때까지는 자신의 몫과 역할이 학교에서나 집에서나 분명해 보였는데, 대학에 들어와서 보니 전혀 그렇지 않다고 토로하면서 말이다. 당연한 일이다. 고등학교 때까지는 자신의 몫과 역할을 부모님이나 학교 선생님들이 정해준다고 해도 과언이 아닌데, 대학에 들어와서는 더 이상 그렇지 않기 때문이다. 주어진 자신의 몫과 역할을 수동적으로 쫓아가기만 하면 되었던 생활에서 벗어나 이제 스스로 만들어가야만 하는 상황에 처하다 보니 일시적으로나마 혼란을 겪을 수밖에 없을 것이다.

사실 이는 고등학교 졸업 후 대학에 입학했을 때에만 나타나는 현상은 아니다. 새로운 삶의 터에 놓일 때, 또는 자신과 입장 혹은 처지가 다른 사람들과 대면할 때 늘 동반되는 현상이다. 다만 고등학교 졸업 후 대학 진학 때 다소 분명하게 표출될 뿐이다.

자기의 몫과 역할은 하늘이, 역사가, 다른 누군가가 정해주는 게 아니다. 맥락과 상황에 맞게 자기 자신이 스스로 만들어가는 것이다. 그렇기 때문에 자신의 몫과 역할은 하나로 고정돼 있지 않다. 맥락에 따라 관점에 따라 언제든지 얼마든지 달라질 수 있다. 이때 자신의 몫과 역할에 대한 주장이(혹은 상대방의 몫과 역할에 대한 비판적 주장이) 다른 사람들의 지지를 받고 승인되어야 한다는 점이 중요하다. 그러기 위해서는 자신의 주장을 설득력 있게 제시할 수 있어야 한다. 또한 상대방의 주장이 설득력이 있는지를 잘 살필 수 있어야 한다. 그런데 우리는 이런 사실을 의외로 자주 잊는다. 예외가 없다. 나 자신도 마찬가지이다.

얼마 전에 있었던 일이다. 수업이 거의 끝나갈 시간이 돼서야 강의실에 들어오는 학생이 있었다. 몇 차례에 걸쳐 그런 일이 반복되었다. 게다가 어찌나 요란하게 강의실 문을 열고 들어오는지 그 학생이 들어오는 순간이면 상당수 학생의 시선이 그쪽으로 쏠렸다. 수업 분위기가 흐트러지기 일쑤였다. 더 이상 방치해서는 곤란하겠다 싶어, 하루는 수업을 끝낸 뒤 학생을 불렀다.

수업이 끝날 때가 돼서야 강의실에 들어오고, 게다가 요란하게 강의실 문을 열고 들어와 그때마다 수업 분위기가 엉망이 되는데, 그래서 되겠느냐고 물었다. 그러자 교통편이 여의치 못해 그렇게 되었다며, 너무도 당당하게 대답하는 게 아닌가. 순간 당혹스러웠다. 맘이 약간 상했다. 한 번이라면 모를까, 연속해서 그러는 게 말이 되느냐고 재차 물었다.

그러자 학생은 내가 묻는 말에는 답하지 않은 채, "그럼 지각으로 인정되지 않는 건가요?"라고 되묻는 게 아닌가. 그 말을 듣는 순간 시쳇말로 혈압 수치가 급격히 상승했다. "내가 지금 그 말을 하려는 게 아니잖아. 왜 엉뚱한 얘기를 하지?" 내 목소리는 이미 퉁명스럽게 변해 있었다. 그러자 이번엔 이런 말이 돌아왔다. "아뇨, 전 그냥 지각으로 인정되는지 그렇지 않은지를 물은 거예요. 그런데 왜 인상을 찡그리시고 화를 내려고 하세요?"

얼굴이 화끈거렸다. 더 이상 대화를 진행하려 하다가는 생각과 달리 일이 걷잡을 수 없이 꼬일지도 모르겠다는 불길한 생각이 불현듯 들었다. 지각으로 인정해줄 수 없다는 말을 분명하게 해주고 강의실을 빠져나와 연구실로 발걸음을 돌렸다. 연구실 의자에 앉아서 골똘히 생각해봤다. 머릿속이 뒤죽박죽이었다. 대학에서 강의를 한 후로, 이번과 같은 경험은 처음 하기 때문인지도 몰랐다.

얼마나 시간이 흘렀을까, 문자 메시지가 한 통 들어왔다. 자기 생각만 한 것을 사과하는 그 학생의 메시지였다. 그런데 메시지가 눈에 들어오지 않았다. 아니 오히려 곱지 못한 내 시선만 더욱 가팔라졌다. 사과를 하려고 했다면 직접 찾아오거나 최소한 전화를 했어야 하지 않은가, 라는 생각을 했던 것이다.

그런 판단으로부터 벗어나게 된 것은 그로부터 며칠이 지나서였다. '내가 왜 그 생각을 못했지, 그럴 수도 있겠구나' 라는 생각에 이르는 데 정말 한참이 걸렸다는 말이다. 난 그 학생에게 학생의 몫과 역할을 물었다. 그리고 그것이 내 몫과 역할이라고 생각했다. 내가 생각해왔던 일반적인 관습에 근거해서 말이다. 학생은 수업 시작 전에 강의실에 들어와 있어야 하고, 불가피하게 늦을 경우에는 가능한 한 수업에 지장을 주지 않아야 하며, 그러지 못한 것을 교수가 지적할 경우 그런 일이 반복되지 않도록 주의하겠다고 다소곳하게 답해야 하지 않겠느냐는 얘기다.

그런데 출결 사항에 대해 물음을 던진 순간, 학생은 역으로 내 몫과 역할을 되묻고 있었고, 그것이 자신의 몫과 역할이라고 생각했던 듯하다. 내가 생각하는 기존의 관습에서 볼 때 다소 낯설게 느껴졌지만 말이다. 이를테면 학생이 출결 사항에 대해서 물을 수 있고, 그렇게 물을 경우 친절하게 답해줘야 하는 것 아니냐는 얘기다. 그 학생이 명확히 이런 생각을 하고 행동했던 것은 아니라고 하더라도 말이다.

이런 생각에 이른 다음에야 학생의 문자 메시지가 눈에 제대로 들어왔다. 그제야 나는 그 학생과 이야기할 때의 상황과 심정을 상기하면서 거울 앞에 서서 내 표정을 살펴봤다. 여간 찡그린 표정이 아니었다. 그 학생의 말은 틀리지 않았다. 그러면서 학생이나 나나 자신의 몫과 역할 혹은 상대방의 몫과 역할에 대한 자신의 생각이 상대적일 수밖에 없다는 사실을 간과했던 게 아닌가 하는 생각이 들었다. 아마도 자신의 생각을 좀 더 설득력 있게 전하는 기술이 부족했던 것 같다.

우리가 늘 이러한 문제로 사사건건 고민해야 하는 건 물론 아니다. 게다가 지금 언급한 일은 사실 일어나지 않는 게 훨씬 좋다. 여하튼 그 어느 때보다 삶의 조건들이 급변하는 시대에 살면서, 내가 삶을 영위하는 공동체 내에서 '나의 몫과 역할'은 어떻게 결정되는가, 그 척도는 무엇인가 등은 반드시 숙고해야 할 것이다. 고대 그리스의 가장 위대한 소피스트 중 한 사람으로 일컬어지는 프로타고라스의 얘기를 살펴보려는 이유가 여기에 있다. 그가 말한 인간척도설homo mensura은 오늘날에도 귀담아들어야 할 내용을 담고 있기 때문이다.

소피스트가
궤변론자라고?

프로타고라스의 인간척도설을 살펴보기 전에 먼저 소피스트들이 어떤 사람들이었는가를 언급할 필요가 있다. 프로타고라스는 소피스트를 대표하는 사람 중 한 명이었는데, 아직까지도 소피스트라고 하면 궤변론자로만 알고 있는 사람들이 적지 않기 때문이다. 궤변론자란 어떤 사람인가? 사전의 정의에 따르면, 궤변이란 형식적으로 타당해 보이는 논증을 이용해 거짓인 주장을 참인 것처럼 보이게 하는 논법이다. 따라서 궤변론자란 그런 논법을 일삼는 자라 할 수 있겠다.

그런데 정말 소피스트가 그런 사람들이었나? 한번 따져볼 일이다. 소피스트란 그리스어로 현인賢人을 뜻한다. 원래 뜻이 변한 말은 한둘이 아니다. 게다가 그 의미가 정반대로 바뀐 말도 부지기수다. 그렇게 보자면 현인을 의미했던 말이 궤변론자로 바뀌었다고 해서 이상할 것도 없다.

소피스트들은 현인으로 자처했던 사람들이다. 현인이라고 자처했던 사람들이 궤변을 일삼는 자로 일컬어지게 되었다면, 무슨 사연이 있지 않을까? 이를테면 소피스트와 대립각을 형성하고 있었던 사람들에 의해서 그런 이름으로 불리게 되었다는 유의 사연 말이다. 사실 그런 예는 역사적으로 너무 많지 않은가? 바보 온달도 정말 바보가 아니듯이.

물론 반대 경우일 수도 있다. 자칭 현인이었지만, 실제로는 궤변을 일삼았던 사람들이었기 때문에 그렇게 불렸을 수 있다는 얘기다. 자세한 정황을 바로 살펴보기 위해서는 당시 고대 그리스의 상황을 먼저 들여다볼 필요가 있다.

기원전 5세기는 고대 그리스 사회 전체, 그중에서도 특히 아테네가 전성기를 누리던 시기였다. 다들 아는 바와 같이 당시 그리스는 동일한 언어와 종교관을 가진 '폴리스로 불린 수백여 개의 주권적 도시국가들'로 이루어진 사회였다. 아테네는 그 도시국가들 중 하나였다. 그리스 연합군이 페르시아 전쟁에서 승리한 시점(기원전 480년경)을 전후한 때부터 아테네가 그리스의 주도권을 놓고 스파르타와 싸운 펠로폰네소스 전쟁(기원전 431~404년)에서 패했을 때까지가 아테네의 최전성기였다. 대략 보아 그렇다. 이 시기 아테네는 고대 그리스 전체를 대표했다고 해도 과언이 아니다. 그리고 바로 그때 민주주의의 절정기를 보냈다. 소피스트들이 주로 활동했던 시기이기도 하다. 그들은 도시국가 이곳저곳을 자유롭게 돌아다니며 활동했다. 그렇지만 주 활동무대는 아테네였다.

절정을 맞이했던 아테네 민주주의의 요체는 구성원 개인의 자유였다. 헤로도토스가 《역사》에서 밝히듯이, 그리스 연합군(아테네와 스파르타를 중심으로 한 연합군)이 페르시아 전쟁에서 페르시아 제국을 물리칠 수 있었던 결정적 요인이 바로 이 자유이다. 그에 따르면, 페르시아 전쟁은 '자유인' 대 '강제로 끌려온 자' 간의 싸움이었다. 그 자유인의 대명사가 바로 아테네였다. 아테네는 '자유인의 공동체'였다. 모든 구성원이 '지배하는 자'이면서 동시에 '지배받는 자'였다. 그들은 모두 법을 제정하는 곳(민회)에서 발언하고 투표할 권리 그리고 법정에서 배심원이 될 권리를 갖고 있었다.

이 시기 아테네라는 도시국가의 구성원들, 특히 신흥 중산계급은 웅변술과 수사학을 학습할 필요를 절감했다. 그들은 웅변술을 배워 민회에서 효과적으로 연설하고, 수사학을 배워 법정에서 상대방을 잘 설득함으로써 옛 귀족세력에 맞서 자신들의 몫과 역할을 확대하고자 했다. 다시 말해 웅변술과 수사학은 자신들의 삶에 필요불가결한 요소라고 여겼고, 그것의 학습을 통해서 공동체 내에서의 자신들의 몫과 역할을 분명히 하고자 했다. 그리고 그럴 때에 비로소 정의正義가 실현될 수 있다고 믿었다. 소피스트들은 그들에게 보수를 받고 그런 지식을 가르쳤던 사람들이었다. 물론 이른바 신흥 중산계층뿐만 아니라 더 광범위한 계층 사람들에게 웅변술과 수사학을 가르쳤다. 요컨대 그들은 절정을 맞은 민주주의 사회에 상응하는 가치관을 제시하는 데 관여했던 사람들이다.

이러한 까닭에 소피스트들의 가르침에는 민주주의가 절정을 맞았던 때에도 여전히 상당한 영향력을 끼쳤던 전통적 가치관과 충돌을 일으키는 내용이 담겨 있었다. 특히나 귀족계급을 옹호하려는 사람들의 가치관과 대립되는 내용이었다. 당시 아테네가 절정의 민주주의 사회였다고 해서, 귀족계급이 완전히 사라진 사회는 아니었고 귀족 정치를 옹호하는 사람이 전혀 없었던 것도 아니었다. 계급 갈등이 완전히 사라진 사회는 아니었다는 얘기다. 두 차례에 걸친 민주정 전복 사건이 이를 잘 말해준다. 또 고대 그리스 비극의 전성기가 아테네 민주주의 전성기와 겹치고, 비극의 가치관과 소피스트의 가치관이 상반된 점에서도 소피스트의 활동은 전통적인 가치관과의 대립 속에서 펼쳐졌음을 알 수 있다. 언제 어디서든 절대적으로 완전한 것은 없는 법이다.

소피스트, 호메로스와의 대결은 불가피했는가

언제부터인지 정확히 말할 수는 없지만, 고대 그리스인들은 전통적으로 '각자 추구해야 할 삶의 목적'이 객관적으로 주어진다고 믿고 살았다. 다르게 말하자면, '각자에게 할당된 삶의 몫'이 운명적으로 주어진다고 믿었다. 그들은 자기에게 할당된 몫과 역할을 잘 수행하는 것을 덕arete이라고 불렀다. 즉 자신들이 추구해야 할 덕이 객관적으로 주어진다고 생각했다(이를테면 통치자에게는 지혜, 군인에게는 용기, 노동하는 자에게는 절제). 그러한 덕을 실현하는 삶이 좋은 삶이고 행복한 삶이었다.

물론 추구해야 할 덕이 한 사람에게 단 하나라고 여겼던 것은 아니다. 여러 개의 덕이 있을 수 있다고 생각했다. 다만 이러한 덕들 간에는 위계질서가 있고, 넘어서는 안 되는 선이 있다고 보았다. 공동체의 각 구성원들이 '자신이 넘어서는 안 되는 선을 지키면서 자기 몫을 수행하는 삶의 상태'가 정의가 실현된 상태이다. 그러한 정의가 실현될 수 있도록 해주는 기제가 법이다. 그리고 법을 통해 정의롭지 못한 삶을 처벌함으로써, 정의로운 삶이 실현되게 해주는 존재가 제우스를 정점으로 하는 올림포스의 신들이라고 그들은 믿었다.

고대 그리스인들에게 자연스럽게 받아들여진 이러한 생각이 잘 담겨 있는 작품이 기원전 8세기경에 집대성된 호메로스의 서사시이다. 기원전 8세기 이전부터 고대 그리스는 이미 고도로 계층화된 사회였다. 호메로스의 서사시는 그러한 사회 구성원들의 삶의 몫과 역할을 잘 묘사하고 있다. 동시에 당시 그리스 사람들의 인간 행동 방식을 결정하는 원천이기도 했다. 즉 각자에게 주어진 삶의 몫과 관련하여 행동 규칙을 담고 있는 것으로 여겨졌다는 뜻이다. 요즘 말로 하자면, 고대 그리스인들은 호메로스의 서사시에 등장하는 영웅을 자신의 롤모델로 간주했다.

《일리아드》를 보자. 아가멤논 왕을 면전에서 나무라는 평민 테르시테스의 행동에 대해 영웅 오디세우스는 폭력으로 응징한다. 그는 테르시테스에게 굴욕을 주고, 피를 흘릴 때까지 때린다.(《일리아드》, 2권) 이에 반해 오디세우스가 아가멤논에게 대드는 것은 문제 되지 않는다.(《일리아드》, 14권) 자기 몫이 어디까지인지, 또 그것을 제대로 알지 못한 채로 넘어서는 자에게 어떤 처벌을 내려야 하는가를 잘 보여주는 내용이다.

또 다른 예를 보자. 《일리아드》는 영웅 아킬레우스와 왕 아가멤논의 다툼으로 시작된다. 전리품으로 취한 여자 노예를 둘러싸고 벌어진 다툼이다. 아킬레우스는 자신이 전리품으로 취한 여자 노예 브리세이스를 사랑했다. 그런데 아가멤논이 브리세이스를 빼앗아간다. 아킬레우스가 회의를 소집해서, 아폴론을 섬기는 사제의 딸 크리세이스를 돌려주지 않는 아가멤논을 공개 비난했기 때문이다. 결국 브리세이스를 아가멤논에게 빼앗긴 아킬레우스는 분노했고, 아가멤논을 죽일 궁리까지 한다.

그러나 실행에 옮기지는 않는다. 호메로스가 '이미 고도화된 사회 내에서의 단순하지 않은 자기 몫과 역할'과 '결코 넘어서는 안 되는 선'을 잘 묘사하고 있음을 알 수 있다. 아킬레우스는 아가멤논을 죽일 수 있는 힘을 지니고 있음에도 불구하고 죽이지 않았다. 이는 왕이라는 몫이 전사의 몫을 넘어서고 있음을 보여주는 것이다. 한편, 아가멤논은 아킬레우스의 행동을 왕권에 대한 도전으로 간주했으므로 그에게 가혹하게 대했다. 그러나 아가멤논은 아킬레우스를 죽이거나 내쫓아 버릴 수 없었다. 이는 왕의 몫과 전사의 몫이 일방적으로 기울어 있지 않음을 말해준다.

호메로스의 서사시는 고대 그리스 사회에서 자기 몫을 충실히 수행하는 삶, 즉 덕을 갖춘 삶의 모델을 제공하는 것으로 간주되었다. 당시 그리스는 수백 개의 폴리스 공동체로 나뉘어 있었지만, 호메로스의 서사시에 대해서는 일치된 태도를 취했다. 그의 서사시는 당시 그리스 사회를 이해하기 위해서 반드시 살펴봐야 할 일종의 전범이었다. 아테네라고 해서 예외일 수 없다.

그런데 민주주의가 절정을 맞이하게 되면서 이런 전통적 생각이 도전을 받는 상황이 펼쳐진다. 자유의 공동체에 상응하는 '각자의 몫과 역할'에 대한 견해를 제시할 필요가 있었고, 이때 그런 역할을 담당했던 사람들이 바로 소피스트들이다. 그들은 '각자의 몫과 역할'이 운명적으로 주어지는 게 아니라고 주장했다. 그것은 절대적인 운명이 아니라, 상대적일 수밖에 없는 각 개인의 가치판단에 기초한 공동체 내에서의 동의와 합의에 의해 결정된다고 보았다. 소피스트들에 따르면 정의로운 삶이라는 것도 신들에 의해서 보장되지 않는다. 그 역시 인간에 의해서, 즉 서로 다른 가치판단을 하는 사람들 간의 의견교환과 그에 기초한 합의에 의해서 구현된다. 당연한 얘기겠지만, 소피스트들이 보기에 덕이라는 것도 학습을 통해 터득해가는 것이다. 요컨대 소피스트들은 민주주의 사회에 상응하는 새로운 가치관을 제시하고자 했던 사람들이다. 그 점에서 아테네 전성기의 대다수 구성원의 생각에 기본적으로 상응한다고 말할 수 있다.

현인 소크라테스 vs 궤변론자 소피스트

소피스트는 궤변론자로 일컬어지는 데 반해, 소크라테스는 현인 중의 현인으로 불리곤 한다. 이 때문인지 소크라테스는 소피스트와 비교가 안 된다고 생각하는 사람들이 많다. 특히나 소크라테스가 아테네의 젊은이들을 타락시키고 신에 대한 불경죄를 저질렀다는 이유로 고소되어 사형 선고를 받은 뒤, 충분히 죽음에서 벗어날 수 있었음에도 불구하고 독배를 마시고 의연하게 죽어갔다는 사실을 접하면 일종의 경외감을 느끼게 되기도 한다(이는 플라톤의 대화편 〈소크라테스의 변론〉, 〈파이돈〉, 〈크리톤〉 등에서 확인할 수 있다). 반면에 소크라테스를 죽음으로 몰아간 사람들은 저급한 수준의 사람들이라고 생각하면서 말이다. 아울러 소피스트들 역시 그런 저급한 수준에 머물렀던 사람들로 간주하곤 한다. 시쳇말로 소크라테스는 클래스가 다르다는 얘기다. 그런데 정

자크 루이 다비드, 〈소크라테스의 죽음〉, 1787

소크라테스는 당대의 소피스트들과 달리 무지의 자각을 통한 진리 추구를 설파했다.

말 그럴까? 소피스트의 견해를 분명히 알기 위해 양자를 좀 더 살펴보도록 하자.

인간의 몫과 역할에 대한 소크라테스 주장의 핵심은 '제대로 알면 자신의 몫과 역할을 잘 수행할 수 있다'는 것이다. 제대로 된 지식이 곧 덕이라는 말이다. 어떤 군인이 있다고 해보자. '군인이 자신의 몫과 역할을 잘 수행하는 것', 즉 '군인의 덕'을 용기라고 한다면, 용기가 무엇인지를 제대로 알아야 그가 '자신의 몫과 역할을 잘 수행할 수 있다(덕을 실현한다)'. 또 어떤 성직자가 있다고 해보자. 성직자의 덕이 경건함이라고 한다면, 경건함이 무엇인지를 제대로 알면 경거망동하는 일이 없을 것이라는 얘기다.

사실 제대로 알지 못해서 자기에게 할당된 몫과 역할을 잘못 수행하는 경우를 오늘날에도 우리는 자주 본다. 이른바 사회 지도층 인사들이, 혹은 잘 알려진 방송인이나 연예인들이 제 몫과 역할에서 벗어난 행동을 해서 법의 심판을 받거나 구설수에 오르는 경우를 자주 접한다. 그중 많은 경우가 제 몫과 역할을 제대로 알지 못한 탓이다. 나 자신도 예외가 아니다. 어떻게 해야 교수로서의 나의 몫과 역할을 잘 수행하는지, 아빠로서 나의 몫과 역할을 잘 수행하는지 내가 제대로 알고 있는가, 라고 자문해볼 때가 한두 번이 아니다. 잘 알고 있다고 생각했는데, 자신이 알고 있던 것이 피상적이고 단편적인 앎에 불과하다는 사실이 명백해지는 경우를 우리는 빈번하게 경험한다. 이 점에서 '제대로 알면 자기의 몫과 역할을 잘 수행할 수 있다'는 주장은 여전히 의미심장하다.

그런데 여기서 말하는 제대로 된 지식이 어떤 지식인가 하는 점에 주목할 필요가 있다. 소크라테스가 말하는 지식은 절대적으로 참인 지식, 이른바 '절대적 지식'을 의미한다. 다시 말해 특정한 맥락과 관점에 좌우되지 않는, '덕 그 자체'에 대한 지식을 의미한다. 풀어 쓰면 어떤 맥락과 관점에서도 타당한, '자신의 몫과 역할을 잘 수행하는 것'에 대한 절대적인 지식이다.

어떤 덕(경건함, 절제, 용기, 정의 등등)이든, 덕에 대한 지식은 정도의 차이만 있을 뿐 맥락과 관점에 의존하게 마련이다. 따라서 그런 지식을 어떤 상황에서도 타당한 것으로 간주하려고 할 경우 자가당착에 직면할 수밖에 없다. 소크라테스가 당시 내로라하는 소피스트들과 '덕에 대한 논쟁적 대화'를 통해서 폭로한 것이 바로 이것이다. 물론 그는 여기서 멈추지 않는다. 자가당착에 빠지지 않는, '덕 그 자체'에 대한 지식, 즉 덕에 대한 절대적 지식의 획득을 설파한다.

문제는 이런 절대적 지식은 누구도 분명하게 설명할 수 없는 것이라는 데 있다. 소크라테스 자신도 그게 무엇인지 분명히 말하지 못한다. 사실 그 지식은 누구도 획득할 수 없는 것인지도 모른다. 그럼에도 불구하고 그는 시종일관 그런 지식의 획득을 강조하고 있다. 때론 암시적으로 때론 명시적으로. 수학적 지식이라면 모를까, '인간이 자신의 몫과 역할을 잘 수행하는 것'에 대한 절대적 지식을 획득한다? 말은 그럴듯하게 들려도 사실상 불가능한 일에 가깝다. 적어도 당시 대다수 아테네 시민들은 그렇게 생각했다.

이런 까닭에 소크라테스는 '당시 대다수 아테네 시민들이 덕에 대해 생각했던 것'에서 동떨어진 견해를 피력하고 있다고 말할 수 있다. 당시

대다수 아테네 시민들이 중요하게 생각했던 덕은 이른바 정치의 영역과 관련된 것이었다. 다시 말해서 그들은 법을 제정하고 집행하는 데 직접 참여했고, 이러한 정치활동이 자신들의 삶의 근간이 된다고 여겼으며, 무엇보다도 이와 관련된 덕에 관심을 기울였다. 그들은 학습을 통해서 이러한 덕에 대한 적절한 지식을 획득할 수 있다고 보았다. 그 필요성을 설파하면서, 이 학습을 담당했던 사람들이 소피스트이다.

아테네 시민들은 자신들의 정치활동과 관련된 덕이 맥락과 관점에 따라 달라질 수 있다고 보았다. 그렇다고 해서 그에 대한 적절한 지식을 갖지 못한다고는 생각하지 않았다. 다시 말해서 덕에 대한 지식이 상대적일 수밖에 없다고 해서 그러한 지식이 하잘것없다거나 무가치하다고 생각하지 않았다는 말이다. 그들은 덕에 대한 지식이 상대적이라는 사실을 받아들이고, 상대적으로 더 나은 지식을 획득하려고 했으며, 이와 관련하여 중요한 것이 상대방의 동의를 이끌어내고 그래서 합의에 이르는 것이라고 생각했다. 달리 말하자면 이러한 생각은 덕에 대한 소피스트들의 가르침의 핵심에 상응하는 것이라 할 수 있다. 물론 생각처럼 실제 상황이 순조롭게 전개되었다고 말하기는 어렵다. 또 모든 소피스트가 이에 상응하는 견해를 피력했던 것은 아니다. 극단적 상대주의를 추구했던 소피스트가 적지 않았다는 말이다. 그럼에도 불구하고 이는 당시 대다수 아테네 시민들의 덕에 대한 기본 생각이라 할 수 있다. 또 적어도 소피스트 중 가장 뛰어나다고 평가받는 프로타고라스의 견해는 이에 상응한다고 말할 수 있다.

반면에 소크라테스는 덕에 대한 상대적으로 더 나은 지식의 중요성을 받아들이지 않는다. 그는 상대적으로 더 낫다는 지식 역시 자가당착에 직면할 수밖에 없음을 폭로하면서, 맥락과 관점을 뛰어넘는 절대적 지식에 이를 것을 직간접적으로 설파한다. 이로써 당시 아테네 시민들의 '덕에 대한 다양한 생각과 지식'이 무가치하다고 주장하는 셈이다. 혹자는 소크라테스의 이 같은 견해는 당시 아테네 일반 시민들을 경멸한 것이라고까지 말하기도 한다. 소크라테스는 아테네 시민들에게 덕에 대한 참된 지식을 획득해야 한다고 주장하고 있지만, 사실상 그들 중 누구도 그 지식을 획득할 수 없다고 선언하는 것과 다르지 않기 때문이다.

이렇게 보자면 소크라테스는 당시 아테네 구성원들이 갖고 있던 자신의 몫과 역할에 대한 기본 생각에서 벗어난 철학을 펼쳤다는 점은 분명하다. 당시의 아테네 민주주의 사회가 요구하는 기본 가치관에서 시선을 돌리고 있다는 얘기다. 오히려 그런 요구에 응했던 사람들이 바로 소피스트이다. 민주적인 공동체가 요구하는 기본 가치관으로부터 눈을 돌린 채, '절대적 지식이 덕'이라는 철학을 추구한 소크라테스를 소피스트와는 차원이 다른 철학자라고 할 수는 있을 것이다. 특히나 그가 소피스트와의 대화에서 보여주는 문답법, 즉 자가당착의 상황에 직면하게 함으로써 대화 상대자 스스로 자신의 무지를 깨닫게 하는 대화술은 오늘날까지도 철학함의 진수로 간주되기도 한다는 점에서 그는 소피스트와 클래스가 다르다고 말할 수 있을지 모른다. 그러나 그의 철학은 '민주주의 사회에서 요구되는 각자의 몫과 역할이 무엇인가'라는 물음에 상응하는 철학이라고 보기 어렵다. 달리 말해 적어도 '자신의 몫과 역할을 잘 수행하는 것'과 관련해서는, 오늘날 우리가 소크라테스의 견해에 동의하기는 어렵다는 말이다.

인간은 만물의 척도다?
인식은 경험에서 출발해야 한다

기원전 5세기 아테네는 그리스 전역을 통틀어 사상의 교류가 가장 자유롭고 활발하게 이루어지던 곳이었다. 그리스 전역의 소피스트들이 그곳으로 몰렸다. 프로타고라스는 그들 가운데 한 사람이다. 그는 플라톤이 자신의 대화편에서 거의 유일하게 정중하게 다루는 소피스트라고 할 수 있다. 그의 철학은 민주주의 사회에서 요구되는 기본 가치관에 상응한다. 이를테면 우리는 이른바 인간척도설에서 인간 개개인의 몫과 역할에 대한 민주주의적 관점을 확인할 수 있다. 이를 위해 그의 인간척도설을 압축적으로 말해주는 잘 알려진 문장을 살펴보자.

인간은 만물의 척도로서 그러한 것들에 대해서는 그러하다는 것의 척도이고, 그러하지 않은 것들에 대해서는 그러하지 않다는 것의 척도이다.

이 말을 통해서 프로타고라스는 모든 인식은 주관적 제한성 속에서 이루어지며, 그런 제한성 속에서 얻은 어떤 인식은 그 인식을 한 사람에게는 참이라는 사실을 선언한다. 달리 말하자면 모든 인식에는 오류 가능성이 동반된다는 것이다. 그러나 프로타고라스에 따르면 인식의 우열이 가려지지 않는 것은 아니다. 인식은 그 유용성에서 차이가 나기 때문에 유용성에 바탕을 두고 우열을 가릴 수 있다. 그리고 유용성을 바탕으로 합의를 통해서 더 좋은 인식과 그렇지 못한 인식이 구별될 수 있다는 얘기다. 요컨대 프로타고라스는 이 말을 통해서 상식적 인간의 경험주의적이고 민주주의적인 인식을 개진하고 있다. 이를 하나하나 나눠서 살펴보자.

먼저 '만물의 척도로서의 인간'이라는 말의 의미를 살펴보자. 이 말을 통해 프로타고라스가 말하려는 바는, 인식이란 근본적으로 인간의 경험에서 출발해야 한다는 사실이다. 경험을 초월한 인식 혹은 그런 인식이야말로 진리라고 주장하는 사람들에 대해서 그는 분명히 선을 긋고 있다. 물론 이 내용을 위 문장에서 직접 확인할 수는 없다. 그러나 그는 위 문장이 나오는 플라톤의 대화편 〈테아이테토스〉에서뿐만 아니라, 다른 문헌에서도 일관되게 인식은 경험에서 출발해야 한다고 말하고 있다. 즉 '우리의 경험적 인식의 제한성·오류 가능성을 문제 삼으면서, 참된 인식 혹은 진리에 이르기 위해서는 그런 경험적 인식을 넘어서야 한다'는 주장에 대한 비판적 입장을 분명히 하고 있다. 인간이 경험하지 못하는 것 혹은 경험할 수 없는 것에 기초해서 인간의 인식을 설명하려는 입장에 대해서 프로타고라스는 여러 곳에서 반대 입장을 분명히 피력하고 있다. 그가 신을 배제하는 이유도 같은 맥락에서 이해할 수 있다. 신은 유한한 인간이 경험할 수 없는 존재이기 때문에 신에 대해서 언급할 것이 없다는 말이다.

요컨대 프로타고라스가 인간이 만물의 척도라고 했을 때의 인간은 상식에 입각한 경험 주체로서의 인간을 의미한다. 그러한 인간의 인식에는 주관적 제한성과 오류 가능성이 불가피하게 동반될 수밖에 없다. 프로타고라스는 이 점을 부정하지 않는다. 오히려 그런 제한성 혹은 상대성을 적극적으로 옹호한다.

다음으로 만물panta chremata의 의미를 살펴보자. 여기서 말하는 사물chremata은 인간의 경험을 넘어선 초월적 대상이 아니라, 경험과 연관된 대상을 말한다. 즉 상식적 인간의 경험 속에 놓인 대상을 의미한다. 프로타고라스에게 상식적 인간의 경험 밖에 놓인 대상은 의미가 없다. 이 점은 '경험을 초월한 영역에 놓인 객관적 실재'에 대한 인식을 주장하는 입장에 대해서 프로타고라스가 일관되게 반대 입장을 피력하고 있다는 사실에서 확인할 수 있다.

그렇기 때문에 여기서 말하는 만물에는 '경험 불가능한 초월적 세계의 대상을 알 수 있다'고 한 사람(당시 엘레아 학파의 파르메니데스가 이런 주장을 한 대표적인 인물이다. 파르메니데스는 상식적 경험과 객관적 실재에 대한 인식을 엄격하게 구분한다)에 대한 비판의 의미가 함축되어 있다. 달리 표현하자면, 프로타고라스가 말하는 '만물'은 이른바 형이상학적 인식에 대한 비판적 태도를 함축하고 있는 '말'이라 할 수 있다.

다음으로 "그러한 것들에 대해서는 그러하다는 것의 척도이고, 그러하지 않은 것들에 대해서는 그러하지 않다는 것의 척도"라는 말의 의미를 살펴보자. 인간이 '만물의 객관적 실재'에 대한 척도라는 것인가, 그렇지 않으면 '만물로부터 자신이 경험한 것'에 대한 척도라는 것인가? 프

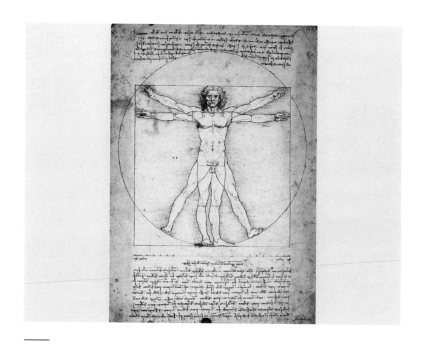

레오나르도 다빈치, 〈비트루비우스의 인체비례도〉, 1490
프로타고라스가 인간이 만물의 척도라고 했을 때의 인간은 상식에 입각한 경험 주체로서의 인간을 의미한다.

로타고라스의 말은 후자를 의미한다. 이를테면 누군가 어떤 음식을 먹고, '쓰다'는 인식을 하게 되었다고 해보자. 이때 그 사람은 '음식의 객관적 실재'에 대해서 '쓰다'고 인식한 것이 아니라, '그 음식물을 먹고 자신이 경험한 사태'에 대해서 '쓰다'고 인식한 것일 뿐이라는 말이다. 달리 말해서 프로타고라스에 따르면, 어떤 음식물을 먹고 '그것이 쓰다'라고 했을 때 그 인식이 의미하는 바는 '그 음식물이 객관적으로 쓰다'는 것이 아니라, '그 음식물을 먹고서 쓰다는 상황을 겪었다'는 것이다.

그리고 이렇게 봤을 때, 앞서 프로타고라스에게 만물은 인간의 경험 밖에 놓인 대상이 아니라 경험 속에 놓인 대상이라고 했는데, 좀 더 정확하게 말하자면 그것은 단순한 대상이 아니라 '대상'과 '인식주관의 주관적 조건'의 연관 속에서 발생하는 사태the state of affairs라고 할 수 있겠다. 요컨대 여기서 척도란 인간이 만물의 객관적 실재에 대한 척도라는 것이 아니라 자신이 경험하는 사태가 어떠한가에 대한 척도라는 것이다.

그렇다면 각 판단의 유용성을 따질 수 있는가? 다시 말해 모든 인식이 인식주관의 조건에 제한돼 있는데, 어떤 판단이 더 나은지를 따질 수 있는가? 프로타고라스에 따르면, 그렇다고 말할 수 있다. 모든 인식이 상대적 제한성을 안고 있다 하더라도, 극단적 회의주의로 나아가야 하는 건 아니라는 얘기이다. 상대적이지만 더 나은 판단과 인식을 가려낼 수 있다는 것이다. 다시 말해 절대적 타당성을 갖는 인식은 불가능하지만 상호간에 더 나은 판단이라고 합의할 수 있는 인식은 얻을 수 있다는 말이다.

그렇다면 어떻게 의견일치에 이를 수 있는가? 인간은 공동체 속에서 살아가는 존재이기 때문에 가능하다. 프로타고라스에 따르면, 공동체를 떠난 인간은 생존 자체가 불가능하다. 즉 공동체를 떠난 인간은 존재 의의를 갖지 못한다. 플라톤의 대화편 〈프로타고라스〉에서 우리는 프로타고라스의 이러한 생각을 잘 확인할 수 있다. 그에게 각자의 인식에 대한 비판적 검토와 논의를 통해서 공동체 전체에 더 유용한 인식에 도달하는 것은 대단히 중요하다 하겠다. 상호 의견 개진과 그에 대한 검토를 거쳐 합의에 이름으로써, 자신들의 공동체에 더 유용한 인식을 위한 척도를 마련할 수 있다는 것이다. 즉 상호 주관적인 인식이 가능하다. 물론 그런 인식이 완벽하지는 않다. 여전히 오류 가능성을 함축하고 있는 수정 가능한 상호 주관적인 인식일 뿐이다.

이러한 내용을 함축하고 있는 프로타고라스의 인간척도설은 당시 아테네 민주주의의 인간관을 반영한다. 만물의 척도로서의 인간이란 한계를 지닌 경험적 주체로서의 상식적 인간이다. 그러한 인간은 특별한 능력의 소유자가 아니다. 제한적 인식 속에서 학습에 기초한 합의를 통해 인식의 성장을 도모하는 인간이다. 따라서 이러한 인간이야말로 아테네 민주주의가 존중하는 인간이라 할 수 있다. 아테네 민주주의가 존중하는 인간은 절대적 지식과 덕을 소유한 인간이 아니다. 당시 아테네에서 요구되는 기본 지식과 덕을 소유한 인간일 뿐이다. 그는 상대적으로 제한된 자신의 몫과 역할을 수행하지만, 학습에 기초한 합의를 통해서 그것의 확장을 도모하는 인간이다. 요컨대 인간척도설은 아테네 민주주의에서 요구하는 기본 가치관을 철학적으로 옹호하고 있는 셈이다.

'자신의 몫과 역할'의 척도는 나 자신의 판단이다

한 개인이 자신이 속한 공동체에서 차지하는 몫과 역할은 상대적으로 규정될 수밖에 없다. 우리는 고대 그리스의 소피스트의 주장에서, 즉 전통적 가치관에 대한 소피스트의 비판과 대안 제시에서 이러한 사실을 철학적으로 최초로 해명하려 했음을 확인할 수 있다. 소피스트는 통상 궤변론자로 알려졌으나 이와 달리, '인간의 몫과 역할' 및 그것을 둘러싼 정의관 등을 상식적 관점에 기초해서 해명하려 했던 최초의 철학자들이다.

소피스트 이전 고대 그리스의 전통적인 관점에 따르면, 공동체 구성원 각자의 몫과 역할은 분명했다. 법에 의해 구체화되는 각자의 몫과 역할은 운명적으로 주어진 것이다. 그 운명을 거스르려고 할 경우 신들이 개입해 이를 제어했다. 달리 말하자면 고대 그리스 사람들은 공동체의 특수한 법을 어겼을 때, 신에 의해서 처벌받는다고 믿었다. 요컨대 전통적으로 각자의 몫과 역할이 운명적으로 주어지고, 이는 신에 의해서 제어된다고 믿었다.

그러나 소피스트들은 이러한 전통적 견해를 대부분 버렸다. 근거가 없다는 것이다. 공동체마다 다르고 경우에 따라서는 서로 모순된 여러 법들이 '동일한 신들에 의해 통제되고 있다'고 사람들이 믿고 있다는 사실을 그들은 간파했다. 그래서 '각자의 몫과 역할'을 정당화할 다른 근거를 찾았고, 결국 그 근거는 오직 인간들 각자의 합리적인 이성적 판단일 수밖에 없다는 결론에 이르렀다. 그들은 '각자의 몫과 역할'을 합당하게 규정하려고 할 때, 사람들 간의 합리적인 합의보다 상위의 기준이 있을 수 없다는 결론에 이르렀던 것이다. 그것이 상대적이고 제한적이라고 하더라도 말이다. 그러한 견해는 프로타고라스의 인간척도설로 압축된다고 해도 무방하다.

그런데 이런 프로타고라스의 견해를 오늘 우리가 새삼 환기해야 하는 이유가 있는가? 오늘날 우리들은 '자신이 속한 공동체 내에서 자신의 몫과 역할'이 각자의 입장에 따라서, 그리고 시시각각 변화하는 상황에 따라서 달라지는 것을 온몸으로 체험하면서 살아가고 있다고 해도 지나치지 않다. 정태적이고 일면적인 척도에 입각해서는 더 이상 각자의 몫과 역할을 적절하게 규정하거나 설명해내기 어려운 삶의 조건 속에서 살아가고 있는 것이다.

남자라고 해서, 연장자라고 해서, 부모라고 해서 일방적으로 자기 몫을 주장하고, 그에 입각해서 다른 사람의 몫을 규정할 수 없는 시대를 우리는 살고 있다. 각자 다른 관점에 서 있는 개개인의 서로 다른 입장을 존중하면서, 합의에 기초해서 자기의 몫과 역할을 규정해야만 하는 사회에서 살고 있다는 얘기이다. 이를테면 선배들이나 남자들 혹은 대학 당국의 입장이 일방적으로 관철되는 대학 사회가 되어서는 곤란하다는 말이다.

'자신의 몫과 역할'이 절대적인 지식을 얻은 후에나 혹은 그런 사람에게나 가능하다는 말에 동의할 사람은 없지 않을까? 그럼에도 불구하고 가만히 우리 생활을 반추해보면, 의도하지는 않았겠지만 은연중 그 말에 동의하면서 살고 있는 사람이 적지 않다. 선배가 된 후로, 졸업을 한 후로, 특정한 사회적 지위를 성취한 후로, '자신의 몫과 역할'에 대한 자신의 주장을 미루고 사는 사람이 의외로 너무 많다는 말이다. '자신의 몫과 역할'은 훗날 어떤 것을 획득한 후에나 주어지는 게 아니다. 지금 그려보는 '훗날 어떤 것을 획득했을 때의 몫과 역할'은 영영 자신에게 주어지지 않을 자신의 몫과 역할일지도 모른다. 거칠게 말하자면 지금 2G 휴대폰을 사용하는 사람이 5년 혹은 10년 뒤에 5G, 6G 휴대폰을 쓰겠다는 것과 같은 얘기일 수 있다.

그래서 대학 들어와 자신의 몫과 역할이 무엇인지 몰라 힘들어하는 친구들에게 말해주고 싶다. '자신의 몫과 역할'이 무엇인지 이제까지 헷갈렸다 하더라도, 이제는 더 이상 그러지 말라고. 그 척도는 각자의 판단이라고. 설사 자신의 판단에 부족한 점이 많아 보인다 하더라도 말이다. 또한 어떤 사람의 판단도 완벽할 수는 없으며, 지금 부족해 보이는 자신의 판단은 더 나은 판단으로 수정할 수 있다고. 그러기 위해서 무엇보다 중요한 것은 다른 사람과의 의견교환을 통해서 자신의 판단을 더 나은 판단으로 향상시키려는 개방된 자세라고.

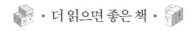
· 더 읽으면 좋은 책 ·

I. F. 스턴, 《소크라테스의 비밀》, 편상범 · 손병석 옮김 (간디서원, 2006)

'소크라테스는 현인 중의 현인이고 소피스트는 궤변론자'라고 알고 있는 사람들에게 신선한 충격을 줄 수 있는 책이다. 무엇보다 소크라테스와 소피스트의 입장을 고대 그리스의 역사적 상황에 입각해서 고찰하려는 점이 돋보인다. 소크라테스가 서양 철학과 서양 사상의 역사에 기여한 점을 너무 인색하게 다루고 있다는 점이 흠이지만, 소크라테스나 소피스트는 물론이고 고대 그리스 철학을 입체적으로 파악하고 싶다면 반드시 읽어야 할 책이다.

박규철, 《소크라테스와 소피스트》 (동과서, 2009)

소크라테스는 저서를 남기지 않았다. 소피스트의 저술도 오늘날까지 거의 전해지지 않는다. 소크라테스와 소피스트에 대한 이해가 상당 부분 플라톤의 대화편에 의존해야 하는 것은 이 때문이다. 그런데 초보자가 플라톤의 대화편을 단번에 읽어내기는 쉽지 않다. 이 책은 초보자가 소크라테스와 소피스트의 사상에 접근하는 데 유익한 내용을 담고 있다. 다만 소크라테스와 소피스트에 대한 저자의 관점이 일관되게 유지되고 있는가 하는 점에 주의를 기울일 필요가 있다.

자클린 드 로미이, 《왜 그리스인가?》, 이명훈 옮김 (후마니타스, 2010)

앞의 책들이 한쪽에 경도된 입장에서 혹은 일관성을 다소 결여한 채 고대 그리스 철학에 접근하고 있다면, 이 책은 균형 잡힌 시각을 보여준다. 소크라테스와 소피스트의 공과를 비교적 적절하게 다루고 있다. 그리고 그런 가운데 고대 그리스 사회 전체를 관통하는 그리스적인 것에 주목하고 있다. 초보자가 충분히 소화할 수 있도록 평이하게 쓰인 것도 장점이다.

이상의 책을 읽고 소피스트와 소크라테스를 거쳐 플라톤, 아리스토텔레스에 이르기까지 고대 그리스 사회의 덕에 대하여 좀 더 깊이 있게 이해하고 싶은 독자에게는 윌리엄 J. 프라이어가 쓴 《덕과 지식 그리고 행복》(오지은 옮김, 서광사, 2010)을 권한다. 그러고 나서 덕에 대한 프로타고라스와 소크라테스 사상의 차이를 원전을 통해 확인하고 싶다면 플라톤의 대화편 《프로타고라스》(최현 옮김, 범우사, 2001)와 〈테아이테토스〉에 도전해볼 것을 권한다(유감스럽게도 〈테아이테토스〉는 아직 번역본이 나오지 않았다). 정복하기 쉽지 않은 저작들이므로 단단히 마음을 먹어야 한다. 이와 함께 역사적 소크라테스에 가장 가까운 소크라테스의 철학을 담고 있는 《소크라테스의 변론》(박종현 옮김, 서광사, 2003)도 읽어보면 좋겠다.

4장

성숙한 인간이 되고 싶은가

칸트의 계몽sapere aude, '스스로 사고하고 판단하라'

Kant

이마누엘 칸트Immanuel Kant(1724~1804)

경험론과 합리론으로 대표되는 서유럽 근세철학의 두 흐름을 하나로 집대성한 독일의 철학자. 쾨니히스베르크(현 칼리닌그라드)에서 태어나 거의 평생을 그곳에서 살았지만, 그의 시선은 늘 세계와 인류 전체를 바라보고 있었다. 뉴턴, 흄, 루소 등의 영향을 받아 자신만의 고유한 철학, 이른바 비판철학을 완성했다.

K · a · n · t

누군가 나 대신 골치 아픈 일을 다 처리해주는 삶을 원하는가

날 대신해 내 건강을 전적으로 챙겨줄 의사가 있고, 날 대신해 내 재산을 전적으로 관리해줄 펀드매니저가 있고, 날 대신해 내 법률 문제를 전적으로 해결해줄 변호사가 있다면 어떤가? 골치 아픈 일들은 남들이 다 해주고, 난 그들에게 정기적으로 보수만 지불하면서 살면 되는 삶 말이다. 근사하지 않은가? 사실 우린 시도 때도 없이 이런 삶을 갈망하며 넋두리를 늘어놓는다. "골치 아픈 게 너무 많아, 누가 나 대신 그거 좀 다 해줬으면 좋겠어."

그러나 칸트는 〈계몽이란 무엇인가?에 대한 답변〉(이하 〈계몽이란 무엇인가〉)에서 이런 모습을 인간의 신성한 권리를 훼손하는 거라고 말한다. 칸트라는 철학자 뭐 좀 모자란 거 아닌가? 그렇지 않고서야 그런 말을 할 수 있겠나? 그럴 리가. 칸트는 자신의 지성을 사용해 스스로 판단해서 행동하지 않고 후견인에게 전적으로 의존해 살려는 태도를 질책하는 것이다. 그런 사람은 후견인의 생각과 판단대로만 행동하는 사람이다. 철없는 어린 시절이라면 모를까, 성인이 된 뒤에도 그렇게 살아야 한다면 견딜 수 있겠는가? 과연 그런 삶을 원하는 사람이 있을까?

'그렇긴 하지만, 내가 판단해서 행동한들 세상이 뭐 달라지겠어? 게다가 난 이것저것 따지는 거 딱 질색이야. 그냥 편하게 사는 게 최고야. 그렇게 보면 칸트가 인간의 권리를 훼손하는 삶이라고 하는 거 나쁠 거 없지 뭐.' 이런 생각을 하는 사람도 없지 않을 터다. 아니 생각보다 많을 수 있다. 혹은 '먹고살기 바쁜데, 뭘 이것저것 꼼꼼히 따져보고 스스로 판단해서 행동하란 말이야'라고 말하는 사람도 적지 않을 테고.

그런데 만약 종교가 다르다는 이유로, 피부색이 다르다는 이유로, 출신 지역이 다르다는 이유로, 외모가 다르다는 이유로, 지속적으로 자신이 인간다운 대접을 받지 못한다고 가정해보자. 그럴 경우에도 침묵할 수 있겠는가? 이쯤 되면 생각이 달라지지 않겠는가? 아무리 편한 걸 좋아한들, 먹고사는 데 지장만 없으면 아무래도 상관없다며 '따져보고 스스로 판단하는 것'과는 담 쌓고 산다 한들, 인간다운 대접을 사양하려는 사람은 없을 테니까. 칸트가 말하는 계몽의 의미를 헤아려보면, 자신의 지성을 사용해서 꼼꼼히 따져본 뒤 스스로 판단해서 행동하지 않으려는 사람은 '인간다움의 핵심을 스스로 포기한 사람'과 다르지 않다.

그런데 인간다움이란 게 도대체 뭐지? 그런 게 있기는 한가? 시대에 따라, 지역에 따라, 문화에 따라 다른 거 아냐? 인간도 결국 동물과 크게 다르지 않은 것 아냐? 혹자는 이런 의문을 제기할 수 있다. 사실 인간다움이라는 걸 한마디로 명쾌하게 정의하기 쉽지 않다. 어쩌면 누구나 동의할 수 있는 인간다움을 명쾌하게 제시하기란 불가능할지도 모른다.

그럼에도 불구하고 칸트의 주장을 헤아려보면 인간다움의 핵심은 '자신의 지성을 사용해서 철저하게 따져본 뒤, 스스로 판단해서 행동하는 것'이라 할 수 있다. 그렇게 하는 사람이라면 누군들 제 맘대로 그 사람을 다룰 수는 없을 게다. 자신의 지성을 사용해서 스스로 판단해서 행동하는 사람을 자신과 생각이 다르다고 무시하고 업신여길 수는 없을 거라는 말이다. 만일 그런 사람을 누군가 제 맘대로 다루려 한다면, 어느 누가 받아들이겠는가?

바꾸어 말하면 다른 사람을 '스스로 판단해서 행동하는 존재'로 여길 경우, 자기 뜻대로 다뤄도 문제 될 게 없다고 여기진 않을 것이다. 말만 번지르르한 게 아니라, 진정으로 그런다면 말이다. 설사 상대방이 어리다고 해도, 장애인이라고 해도, 외모가 많이 다르다고 해도, 지위가 낮다고 해도, 상대방을 '스스로 판단해서 행동할 수 있는 존재'로 본다면, 업신여기고 무시하지는 못할 거란 얘기다. 멋대로 폭력을 휘두르긴커녕 말 한마디 한마디에도 신경을 쓰지 않을까 싶다.

칸트는 '어떤 사회가 인간다움의 핵심이 발휘되고 있는 사회인가 혹은 그렇지 않은가'를 가늠할 수 있는 척도를 얘기한다. 어떤 문제에 대해서건 '철저히 따져본 뒤, 스스로 생각하고 판단한 것'을 공론장에 제기할 사유가 있느냐 없느냐가 그 척도란다. 그래서 칸트는 말한다. 자신의 지성을 사용해서 철저히 따져본 뒤 스스로 판단해서 행동하라고. 그리고 문제가 있다고 판단되면 공론장에 자신의 생각을 개진하는 것을 주저하지 말라고. 이렇게 하지 못하는 사람은 '자초한 미성숙' 상태에 머물러 있는 사람이라고. 다른 사람을 이런 미성숙 상태에 머물러 있게 만드는 건 인간성 침해이며, 그런 인간성 침해는 용납될 수 없다고. 이것이 계몽에 대한 칸트의 견해를 압축적으로 표현할 때 자주 인용되는 "SAPERE AUDE!"(감히 알려고 하라!)에 담긴 진정한 의미이다.

칸트는 얘기한다. 자초한 미성숙 상태의 인간이 도처에 우글거리고 있다고. 이런 칸트의 주장은 '당대의 심장을 겨눈' 것이었다고 유명한 프랑스 현대철학자 푸코는 말한다. 칸트가 이런 말을 한 지 200년이 지났다. 그럼에도 여전히 커다란 울림이 있다. 우리 사회 곳곳에서 여전히 심각하게 방치되고 유린되는 인간다움을 확인하기 때문에 우리는 계몽에 대한 칸트의 얘기에 귀 기울이지 않을 수 없다. 칸트가 오늘 우리의 심장을 겨누고 있는 것은 아닐까 하고 말이다. "SAPERE AUDE!" 대학 진학 후 진정한 대학생으로 대접받지 못하고 있는 것에 실망감을 감추지 못하는 학생들이 꽤 많다. 그들 대부분은 자기 의견이 일방적으로 무시되는 것을 문제 삼는다. 이런 까닭에 칸트의 주장은 더욱 의미심장하게 다가온다.

칸트는 왜 '계몽이란 무엇인가'를 둘러싼 논의에 뛰어들었나

유럽의 18세기를 계몽의 시대라고 말한다. 무엇이든 비판할 수 있고,

'비판에 대한 비판' 역시 자유로웠던 시대가 유럽의 18세기이다. 그렇지만 유럽의 모든 나라가 동일한 모습으로 계몽의 과정을 밟지는 않았다. 특히 프랑스와 독일의 양상은 사뭇 달랐다. 프랑스의 계몽주의자들(볼테르, 몽테스키외, 디드로, 달랑베르 등)은 계몽에 관한 자신들의 주장 때문에 유배나 감옥살이도 감수했다. 반면에 독일의 계몽주의자들(크리스티안 토마지우스, 크리스티안 볼프, 헤르만 사무엘 라이마루스, 칸트)은 어찌 보면 냉정한 이성 탐구가로만 머물렀다. 독일의 계몽주의를 주도한 인물들은 모두 대학교수였고, 따라서 계몽에 관한 논의는 학문 연구의 연장이었다.

계몽에 대한 칸트의 생각을 잘 담고 있는 〈계몽이란 무엇인가〉라는 글은 1784년 10월 《월간 베를린》이라는 잡지에 발표되었다. 당시 독일에서는 광신과 미신의 광풍이 몰아칠 조짐이 보였다. 그런 조짐에 대한 일종의 전선을 구축했던 계몽주의 세력의 주요한 모임 중 하나가 이른바 베를린의 '수요모임'이다. 그리고 이 모임의 기관지 역할을 했던 것이 바로 《월간 베를린》이다. 수요모임 참여자들은 자신의 생각과 다른 의견을 기꺼이 용인했다. 그런 태도야말로 자신들의 모임을 이끌어가는 동인이라고 생각했다. 그들이 용납할 수 없었던 건 다른 생각이 아니라, '독단과 편견에 빠져 다른 생각을 용인하지 않는 것'이다. 칸트는 수요모임 사람들과 편지를 주고받으며 계몽에 참여하고 있었다. 그리고 자신의 철학을 대중에게 널리 알리려 했다. 〈계몽이란 무엇인가〉는 기본적으로 이런 배경 속에서 집필되었다.

그렇지만 칸트가 그 글을 집필하게 된 직접적인 계기가 있다. 당시 독일의 문화부장관 비서였고,《월간 베를린》창간에 주도적 역할을 했던 요한 에리히 비스터Johann Erich Biester, 1749~1816가 1783년 E. v. K.라는 가명으로 그 잡지에 글을 싣는다. 그는 성직자가 주재하지 않는 결혼의 정당성을 주장했다. 계몽의 시대에, 종교와 성직자는 성인들 간의 협약에 더 이상 개입해서는 안 된다는 게 핵심 주장이었다. 그러자 신학자이며 신부인 요한 프리드리히 쵤너Johann Friedlich Zöllner, 1753~1804가 같은 해 12월 비스터의 주장을 반박하는 글을 동일한 잡지에 발표한다. 쵤너 글의 요지는 다른 많은 협약처럼 결혼도 종교를 통해 승인되어야 하며, 그러한 승인이 없다면 가장 계몽되었다는 사람의 덕도 위험에 빠지게 된다는 것이었다.

똑같이 계몽의 이름을 걸고 '교회와 성직자의 결혼식 주재'를 언급하고 있는데, 비스터와 쵤너는 서로 정반대 주장을 편 것이다. 이렇게 되자 '도대체 계몽이란 무엇인가?'라는 물음이 부각되었다. 칸트는 이에 대한 견해를 피력해달라는 요청을 받아 계몽에 대한 생각을 〈계몽이란 무엇인가〉라는 글에 담아낸다.

계몽은 자초한 미성숙에서 벗어나는 것이자 인간다움의 핵심이다

칸트는 〈계몽이란 무엇인가〉 서두에서 계몽은 자초한 미성숙에서 벗어나는 것이며, 용기를 내서 자신의 지성을 사용하는 것이라고 말한다.

다소 길지만 중요한 부분이니 칸트의 말을 들어보자.

> 계몽은 우리 자신에게 책임이 있는 미성숙에서 벗어남이다. 여기서 미성숙이란 다른 사람의 지도 없이는 자신의 지성을 사용하지 못하는 무능력을 말한다. 그 원인이 지성의 결핍에 있는 것이 아니라, 다른 사람의 지도 없이 스스로 사용하려는 결단과 용기의 결핍에 있을 때, 그 미성숙의 책임은 자신에게 있다. 그러므로, '감히 알려고 하라!' '당신 자신의 지성을 사용할 용기를 가져라!'라는 말이 계몽의 표어이다.

계몽이 자초한 미성숙 상태에서 벗어나는 것이라 했을 때, 미성숙이란 신체적 미성숙을 의미하지 않는다. 만일 신체적 미성숙을 의미한다면, 그것은 시간이 해결해줄 문제다. 또 일정한 시간이 되었는데도 여전히 미성숙 상태에 있다고 해서 자기 자신을 탓할 필요는 없다. 세상을 탓하거나 부모를 탓할 수는 있어도. 여기서 미성숙 상태란 '자신의 지성을 사용해서, 무엇이 옳은지를 꼼꼼하게 따져본 뒤 스스로 판단해서 행동하지 못하는 상태'를 의미한다. 누가 그렇게 하지 못하도록 한 게 아니다. 자초한 것이다. 자신의 지성을 사용해서 스스로 판단해서 행동할 수 있음에도 불구하고 그렇게 하지 않은 것이다. 칸트는 결단력과 용기의 결핍 때문이라고 말한다.

그렇다면 미성숙 상태에서 벗어날 수 있음에도 불구하고 그 상태에 머물러 있으려는 이유는 도대체 뭘까? 칸트는 그런 상태에 있으면 편하기 때문이라고 말한다. 누군가 나를 대신해서 골치 아픈 일거리들을 떠맡아 해결해준다면, 마다할 사람이 얼마나 될까? 결단하지 않고 용기를 내지 않는 대가로 편안함이 주어진다면, 해볼 만한 거래 아닌가.

게다가 결단하고 용기를 내서 자신의 지성을 갖고 스스로 판단해서 행동할 경우, 마땅히 책임을 져야 한다. 상당히 피곤한 일이다. 경우에 따라선 책임을 져야 하는 일로 자신의 존재 의의가 사라져버릴 수도 있다. 그러니 부패한 정치인들이 자신들이 벌인 일에 책임지지 않으려 하는 것 아니겠는가? 어디 부패한 정치인들뿐인가? 그러니 미성숙 상태에 머무른다는 건 얼마나 달콤한 유혹인가? 도처에 미성숙이 지배하는 상황을 이해할 법도 하다.

3월에 큰애가 고등학교에 입학했다. 그런데 벌써부터 심상치 않은 분위기가 느껴진다. 자식의 대학 진학에 가족이 올인해야 할 것 같은 달갑지 않은 분위기 말이다. 입학하기 전 아내가 큰애의 방학 일정을 점검해주면서, 끙끙거리는 것 같기에 물었다. 왜 그러느냐고. 일과표 짜는 것조차 쉽지 않다는 거였다. 그래서 한마디 했다. 애가 하자는 대로 하면 될 거 아니냐고. 그러자 3초도 안 돼서 다소 퉁명스러운 목소리가 들려왔다. "그럼 당신이 알아서 할래요? 난 신경 쓰지 않을 테니까." 바로 꼬리를 내리고 말았다. "무슨 소리야~ 지금까지 당신이 잘해왔는데"라며. 최대한 정감 어린 목소리와 함께 웃는 낯으로.

칸트는 말한다. 가장 성숙하다는 학자들도 미성숙에서 벗어나지 못하기는 마찬가지라고. 집안일에서 말이다. 물론 칸트가 그런 상태에 머물러 있으라고 하는 건 결코 아니다. 칸트는 그런 미성숙 상태에 머물러 있으려고 하는 건 인간다움의 핵심을 스스로 포기하는 것과 다르지 않다고 말한다. 뿌리치기 쉽지 않은 편안함을 이유로 미성숙 상태에서 벗어나지 않겠다는 것은 인간다움의 핵심을 방기하는 것과 다를 바 없다는 얘기다. 정말로 그런가? 앞에서 언급했지만 정말 그런지 좀 더 따져보자.

아내가 볼일 때문에 집을 비운 일요일 오전에 종종 벌어지는 일이다. 아침 먹을 시간을 훌쩍 넘겼음에도 불구하고 아이들은 일어날 생각을 하지 않는다. 결국 목마른 사람이 우물을 파기 마련이다. 몇 차례 아이들을 깨워보다 결국 부엌으로 가서 라면이라도 끓이는 사람은 나다. 그럴 때면 거르지 않고 큰 소리로 하는 말이 있다. "니들 지금 일어나서 아빠 돕지 않으면 국물도 없어"라고. 물론 아이들은 꿈적도 않는다. 고개를 끄덕이며, 한 젓가락도 손대지 않겠다고 동의한다.

그렇지만 라면 끓는 냄새가 집안 구석구석으로 퍼지면 상황은 금방 바뀐다. 하늘이 두 쪽 나도 일어날 것 같지 않던 녀석들이 눈을 비비며 방에서 나와, 어느새 식탁 의자에 궁둥이를 걸친다. 그리고 한마디씩 둘러댄다. "엄마는 어디 가셨어요?" "무슨 라면이에요?" 등등. 냄비를 식탁으로 옮겨놓고, 뜸이 드는 동안 나는 다시 한 번 다짐을 받아둔다. "니들 아까 물었을 때 분명히 말했어, 한 젓가락도 먹지 않겠다고, 그치?" 그러면 "그러셨어요? 자느라고 잘 못 들었는데." "정말요? 딱 한 젓가락만 먹으면 안 돼요?" 등등 이번에도 딴소리가 이어진다. 말로 다 표현하기 어려운 표정을 지으며.

똑같지는 않더라도 이와 비슷한 상황에 놓여보지 않은 사람은 거의 없을 것이다. 이때 먹지 않겠다고 했다는 말을 두 번 세 번 해가며, 정말

라면에 손도 못 대게 하는 사람이 있다면 어떻겠는가? 정말 인간미 없는 사람 아닌가? 우리는 종종 '그 사람 인간적이다' 혹은 '인간미가 있다'라는 말을 한다. 이때 '인간적' 혹은 '인간미'라는 말은 융통성 있고, 자기 것만 챙기지 않으며, 남의 어려움이나 아픔에 공감하여 기꺼이 도울 줄 알고, 어딘가 모르게 비집고 들어갈 빈틈이 보이는 것 등을 의미한다. 모르긴 해도 이런 생각에 칸트도 동의하지 않을까 싶다.

그런데 다소 극단적이긴 하지만 이런 경우를 생각해보자. '여러 면에서 인간미가 넘친다는 말을 듣는 A라는 사람'과 '융통성이 없고 그래서 종종 인간미가 없다는 말을 듣는 B라는 사람'이 있다. A는 많은 사람들이 인간미가 느껴지는 사람이라고 얘기하지만, 자신과 종교가 다른 사람, 자신과 정치적 견해가 다른 사람은 사람 취급하지 않는다. 다시 말해 A는 다른 사람도 자신의 종교 혹은 정치적 견해를 가질 수 있다는 사실을 인정하지 않는다. 다른 사람도 자신의 지성을 사용해서 스스로 판단하고 행동할 수 있다는 사실을 부정한다. 그에 반해 B는 자신과 생각이 다르다고 해서 결코 업신여기지 않는다. 다른 사람 역시 자신과 마찬가지로 자신의 지성을 사용해서 스스로 판단하고 그에 따라 행동할 수 있다는 것을 진정으로 승인한다.

누가 더 인간적인 사람인가? 결코 A라고 말할 수 없을 것이다. 오히려 그는 인간 본성을 유린하려는 사람이라 할 수 있다. 반면 B는 융통성 없고 인간미 없는 사람이라고 말할 수 있을지는 몰라도 인간 본성을 침해하는 사람이라고는 말할 수 없을 것이다. 달리 말하자면 인간 본성의 핵심은 '누구든 자신의 지성을 사용해서 스스로 판단하고 행동하는 데 있

빈센트 반 고흐, 〈아를의 별이 빛나는 밤〉, 1889경
"내 마음을 늘 새롭고 더한층 감탄과 경외심으로 가득 채워주는 것이 두 가지 있다. 그것은 내 머리 위 별이 빛나는 하늘과 내 마음속 도덕법칙이다." —《실천이성비판》

다'고 말할 수 있다. A는 그걸 훼손하려는 사람이다. 그런 까닭에 만일 '자신의 지성을 사용해서 스스로 판단하고, 그에 따라 행동하는 것'을 방기하는 사람이 있다면, 인간 본성의 핵심을 스스로 포기한 사람이라고 말할 수 있다.

　이렇게 보면 용기를 내서 자신의 지성을 사용하라는 칸트의 주장이 예사롭지 않음을 알 수 있다. '자신의 지성을 사용할 수 있는 능력이 있다'는 것과 '실제로 그 능력을 사용한다'는 것은 너무도 다르다. 이는 인간다움의 핵심을 발휘하면서 사느냐 혹은 그걸 방기하면서 사느냐의 차이일 수 있다.

용기를 내서 꼼꼼히 따져보라, 문제가 있다면 공론장에서 말하라

자초한 미성숙 상태에 머무르는 게 인간다움의 핵심을 방기하는 것이라 하더라도, 성숙한 상태에서 생활하는 게 말처럼 쉬운가? 실제로 그런 사람이 몇이나 되는가? 성숙한 상태로 나아가기 위해서는 뭔가 특별한 게 필요하지 않을까? 인간다움의 핵심이 성숙한 상태로 나아가는 데 있다는 걸 잘 알고 있음에도 불가피하게 미성숙 상태를 용인할 수밖에 없는 게 현실 아닌가? 이런 물음을 던질 수 있다. 그렇다면 칸트는 그런 현실을 전혀 모르고 자신의 주장을 편 걸까?

칸트는 자초한 미성숙 상태에서 실제로 벗어나기가 쉽지 않다는 사실을 잘 알고 있다. 그 상태에 머물러 있으면 편안하기 때문에, 신체적으론 이미 성숙한 단계에 있다고 하더라도, 아니 노년이 된 뒤에도 사람들은 미성숙 상태에 머물러 있으려고 한다는 것이다. 이를 천성처럼 여기며 살아가는 사람이 너무나 많다는 걸 칸트는 잘 알고 있다. 게다가 법이나 관습은 미성숙 상태에 머무르는 걸 방기하고 조장한다. 이를테면 자식이 성년이 다 되었어도, 자식 대신 사고하고 판단해서 행동해주는 부모를 누군들 막을 수 있는가? 또 부인이 남편을 대신해서 그렇게 해준들 누가 막겠는가? 혹은 스스로 판단하기 어려운 환자를 대신해서 시설이나 기관이 결정해준들 누가 막을 수 있겠는가? 그렇기 때문에 '한 개인'이 혼자의 힘만으로 미성숙 상태에서 벗어나기는 대단히 어렵다고 칸트는 말한다. 설사 그런 상태를 향하여 발걸음을 내디딘다 하더라도, 아주 작은 도랑을 간신히 건너는 정도에 불과하다고도 말한다.

그럼에도 불구하고 칸트는 '사회적 관계 속의 인간'은 미성숙에서 벗어날 수 있다고 말한다. 칸트에 의하면 개인이 홀로 계몽으로 나아가기는 극히 어렵다 하더라도, 공중Publikum이라면 가능하다. 공중으로서의 인간은 이미 개인이 아니다. 누군가 공중의 일원으로 계몽에 대해서 하는 말은 단순한 개인의 주장을 뛰어넘는다. 공중 전체에 대한 자극과 격려이고, 이를 통해 계몽으로 나아가기 용이해질 수 있다. 게다가 칸트가 말하는 공중을 좀 더 자세히 들여다보면 이 점이 더 분명해진다.

칸트가 말하는 공중은 오늘날 우리가 생각하는 '사회의 일반 사람들'을 의미하지는 않으며, 당시 독일에서 형성되었던 부르주아 독서계의 사람들을 가리킨다. 독서를 매개로 '부르주아 지식인과 그 독자들 사이에서 형성된 세계'의 사람들이 바로 칸트가 말하는 공중이다. 요새 하는 말로 동인지를 매개로 형성된 세계의 사람들, 혹은 온라인 독서 커뮤니티를 매개로 형성된 세계의 사람들이라 할 수 있다. 공중이 이런 사람들을 의미한다면, 계몽은 거침없이 진행될 수 있을 것이다. 적어도 혼자서 계몽으로 나아가려는 것과는 비교가 안 될 것이다. 그런 사람들, 다시 말해 공중 속에서는 자초한 미성숙에서 벗어나지 않으려는 사람이 오히려 이상스럽게 여겨지지 않겠는가. 물론 모든 일이 일사천리로 진행될 수는 없겠지만 말이다.

계몽을 위해 필요한 것은 오직 하나,
철저하게 따져보고 스스로 판단할 수 있는 자유

그렇다면 계몽으로 나아가기 위해서는 무엇이 필요한가? 이에 대한 칸트의 대답은 의외로 간단하다. 철저하게 따져보고 판단할 수 있는 자유가 허용되면 된다. 다른 것은 필요치 않다. 뒤집어 말하면, 그런 자유를 막는 것이야말로 계몽의 장애물이란 얘기다. 그리고 앞서 말한 인간다움과 연관 지어 말하면, 그런 자유가 있느냐가 인간다움의 핵심이 발휘되는 사회인가 그렇지 않은가를 가리는 척도다.

도처에서 '따지지 말고 그냥 받아들여라'라는 말이 난무한다. '따지지 말고, 그저 훈련하라' '따지지 말고 그저 세금을 납부하라' '따지지 말고 그저 믿기만 하라.' '따지지 말라'가 명령처럼 여겨질 정도다. 그럼에도 불구하고 칸트는 철저히 따지라고 말한다. 자유를 제한하는 관행이 폭넓게 퍼져 있다 하더라도 굴복하지 말라는 얘기다. 그러면서 철저히 따져보고 스스로 판단하는 행위를 두 가지로 나눈다. 이성의 사적인 사용과 공적인 사용이다.

먼저 사적인 사용을 보자. 사적인 사용이란 자신이 속한 공공조직이나 시민사회 내에서 자신의 지위와 관련하여 합리적 사고를 피력하는 것이다. 이때 중요한 것은 이성의 사용을 자신이 속해 있는 공공조직이나 시민사회의 목적에 맞춤으로써, 그렇게 하지 않았을 때 생길 수 있는 피해를 입지 않으려는 것이라 할 수 있다. 자신이 속해 있는 조직 혹은 사회가 요구하는 목적에 불합리하고 비이성적이라고 할 수 있는 점이 있더라도, 그것을 묵인하는 게 더 합리적이고 이성적이라고 생각할 수 있다는 것이다. 그렇기에 이때의 이성의 사용은 수단의 성격을 띠며, 공적으로 실행되었음에도 불구하고 사실은 자신의 이해관계에서 벗어나지 않는 사적 사용의 테두리 안에 머문다.

이를테면 A 장교, B 공무원, 그리고 C 직장인이 있다고 해보자. A 장교는 상관으로부터 병사들에게 도저히 합리적이라고 생각할 수 없는 특별 훈련을 시키라는 명령을 받았다. A 장교는 자신이 받은 명령에 불합리한 면이 있지만 눈 꼭 감고 그냥 넘어가는 게 자신에게 유리하고 조직의 목적에 부합하는 합리적이고 이성적인 행동이라고 판단하고 그렇게 행동할 수 있다.

B는 세금 징수 공무원이다. 이번 연도에 일부 시민들의 반발이 예상되는 세금을 징수해야 한다. 어떻게 하는 것이 자신의 지위에 걸맞을까, 또 합리적이고 이성적으로 행동하는 걸까? 반발이 예상되는 시민들은 제외하고 세금을 걷겠다고 하는 것일까? 아니면 그 시민들까지도 세금을 잘 낼 수 있도록 홍보하고, 설득하는 것일까? 그는 후자를 선택하는 것이 합리적이고 이성적이라고 판단할 수 있다.

C 직장인은 공영방송 뉴스 진행자다. 그는 사실보도만 하겠다는 조건으로 뉴스 진행을 맡았다. 그런데 자신의 평소 신념에 비추어 비판하고 싶은 소식을 보도해야 하는 상황에 처했다. 어떻게 하는 것이 자신의 지위에 걸맞을 뿐 아니라 합리적이고 이성적으로 행동하는 걸까? 이 경우역시 사실보도에 충실하는 것이 합리적이고 이성적이라고 판단할 수 있다. 즉 자신이 불이익을 당하지 않으면서 조직의 목적에 부합하게 행동

하는 것이 합리적이고 이성적일 수 있다는 말이다. 이런 경우들이 이성의 사적인 사용의 사례들이다. 요컨대 이때의 이성의 사용은 앞서 언급했듯이 도구적 성격을 띠며, 공무와 관련돼 있음에도 불구하고 당사자의 이해관계에서 벗어나지 않는 사적 사용의 틀 안에 머문다.

이렇게 볼 때 이성의 사적인 사용에서는 자유가 제한된다. 자신이 속한 공공조직 내에서 자신의 지위에 걸맞지 않는 이성의 사용은 허용되지 않는다. 칸트가 자세히 언급하고 있지는 않지만, 이성의 사적인 사용의 사례는 대단히 다양할 뿐만 아니라 개별 사례들 간의 충돌과 대립이 불가피하리란 점도 충분히 예상해볼 수 있다. 이를테면 공조직 내에서 서로 다른 부서 구성원들 간의 이성의 사적인 사용이 대립될 경우를 생각해볼 수 있다. 혹은 상이한 공조직 구성원들 간의 대립도 생각해볼 수 있다. 그러한 모습들이 실제 생활의 적지 않은 부분을, 아니 거의 대부분을 차지한다고 말할 수도 있을 것이다. 특히나 오늘날처럼 사회조직이 복잡해진 상황에서는 더 그렇다.

여하튼 칸트가 이성의 수단적 혹은 도구적 사용이 불가피한 상황을 지적하고 있다는 점은 중요하다. 이성의 수단적 사용이 불가피하다는 말은, '철저하게 따져서 스스로 판단하는 것처럼 보이지만 사실은 그렇지 않은 경우'를 피할 수 없다는 얘기일지도 모른다. 따라서 그러한 지적은 '사람들이 미성숙 상태에서 벗어나는 것이 중요하다는 걸 알면서도, 그렇게 할 수 없는 상황이 있다는 것'을 칸트가 배제하지 않았다는 점을 함축한다. 칸트는 그런 상황을 배제하지 않으면서, 자초한 미성숙에서 벗어날 수 있는 조건을 언급한다. 바로 이성의 공적인 사용이다.

계몽을 위해서는 이성의 공적 사용이 자유로이 허용되어야 한다

칸트는 다음과 같이 말한다. "계몽을 위해서는 자유 말고 다른 어떤 것도 필요하지 않다. 여기서 말하는 자유란 보다 정확히 말하면, 자유라고 이름 붙일 수 있는 것 중에서 가장 해가 없는 자유, 즉 모든 면에서 자신의 이성을 공적으로 사용할 수 있는 자유이다." 그는 계몽을 위해서는 이러한 자유가 제한 받아서는 안 된다고 말한다. 왜냐하면 이성의 공적인 사용만이 계몽을 가져올 수 있기 때문이다.

그렇다면 이성의 공적인 사용이란 무엇을 말하는가? 칸트는 "어떤 사람이 한 사람의 지식인으로서 저술을 통해 병역 의무의 부당함, 과세의 부당함 등에 대해서 독서계의 공중에게 자신의 생각을 발표하는 것"이라고 말한다. 여기서 칸트가 말하는 공중의 의미가 분명해진다. 독서를 매개로 지식인과 독자 간의 관계에서 형성되는 사회적 집단!

칸트는 말한다. 한 사람의 지식인으로서 병역 의무의 결점을 비판하고, 이것을 대중의 판단에 호소하는 것은 정당하며 금지될 수 없다고. 한 사람의 지식인으로서 과세의 부당함이나 부정에 대한 생각을 대중 앞에 발표한다면, 그것은 시민의 의무에 반대되는 행위가 아니라고. 지식인으로서의 성직자는 교회의 신조를 세심히 검토한 후에, '종교 제도나 교회 제도의 개선에 관한 제안'을 대중 앞에 발표할 수 있는 완전한 자유를 누려야 한다고.

칸트는 이성의 공적인 사용의 전형적인 예로 독서를 매개로 형성된 공중 속의 지식인을 들고 있다. 그렇다고 이성의 공적인 사용을 그들에게만 허용하는 건 아니다. 모든 시민에게 지식인 자격이 있을 수 있음을 밝히고 있다(이를테면 신문에 어떤 사안과 관련해서 누구나 의견을 개진할 수 있다. 신문사의 필자들에게만 그런 자격이 부여되는 건 아니다). 그리고 '이성을 공적으로 사용해서 자신의 생각을 호소하는 영역'을 독서계의 독자 대중에 국한하지도 않는다. 칸트가 독서계의 독자 대중을 전형적인 영역으로 제시하고 있으나 사실 그 영역은 전 세계이다(온라인 커뮤니티에 의견을 개진했다고 해서 그 공간 사람들에게만 자신의 생각을 호소한 것은 아니지 않은가? 이미 세상에 자신의 의견을 호소한 것이다).

게다가 이성의 공적인 사용과 관련된 사안에 제한을 두고 있지 않다. 계몽을 위해서는 "모든 면에서 자신의 이성을 공적으로 사용할 자유"가 있어야 한다고 칸트는 말한다. 그가 예로 드는 건 세 가지이다. 그러나 교육, 문화, 사회, 외교, 가사 등등 모든 면에서 문제가 있는지를 철저히 따져보고, 문제가 있다고 판단되면, 공론장에 자신의 견해를 얼마든지 피력할 수 있다는 것이다. 그래서 칸트는 말한다. 자신의 이성을 공적으로 사용하는 사람은 무제한의 자유를 누린다고.

'이성의 공적인 사용'의 완전한 자유에 대한 칸트의 생각이 어떤지를 잘 보여주는 예가 있다. 그는 당시 독일의 프리드리히 왕을 다음과 같이 평가한다.

> 종교 문제에 있어 사람들에게 어떠한 것도 규정하지 않고, 그들에게 완전한 자유를 허용하는 것을 의무로 간주하는 군주, 따라서 관용이란

외젠 들라크루아, 〈민중을 이끄는 자유의 여신〉, 1830

프랑스혁명은 전 유럽에 커다란 영향을 끼쳤는데, 칸트 역시 이에 큰 감명을 받았다. 그는 프랑스혁명의 한계를 지적하면서도 그것이 인류의 계몽과 도덕성을 크게 자극한다고 높이 평가했다.

존대한 칭호도 사양한 군주야말로 스스로 계몽된 사람이며, 인류를 적어도 통치의 미성숙에서 해방시켜 양심에 관한 모든 사항에서 각자 자신의 이성을 사용할 것을 허락한 최초의 사람으로서, 은혜를 아는 당대와 후대 사람들에게 찬양받아 마땅한 사람이다.

─⟨계몽이란 무엇인가⟩

바로 그러한 군주 치하에서 학자로서의 성직자들에게 기존 교의와는 다른 자신의 판단이나 견해를 자유롭게 대중에게 발표할 자유가 허용된다.

프리드리히 왕에 대한 칸트의 주관성이 강하게 개입된 주장이라는 점을 배제할 수는 없다. 그러나 이를 통해 칸트가 생각한 계몽, 그 계몽을 위한 자유가 무엇인지를 짐작할 수 있다. 이런 점에서 보면 오늘 우리의 상황은 결코 나아진 것이 없지 않은가 싶다. 정말 성역 없는 이성의 공적인 사용이 자유롭게 허용되고 있는지 말이다. SAPERE AUDE!

이른바 7080세대 대학가요제를 대표하는 인물 중 한 사람이 일전에 방송에 나와 한 말이 오랫동안 뇌리를 떠나지 않았다. 자기는 이제 어디가서 더 이상 사회비판 하지 않는단다. 어느덧 자신도 기성세대가 되었고, 세상이 이렇게 된 것은 자신을 비롯한 기성세대의 책임이기 때문에. 그가 그런 말을 하리라고는 전혀 예상치 못한 탓일까? 아니면 시쳇말로 이제 빼도 박도 못하는 기성세대가 돼버렸기 때문일까? 하여간 그 말은 상당히 무게감 있게 다가왔다. 그 후 공론장이라 할 수는 없지만 지인들과 어울려 이런저런 사회문제를 자유롭게 이야기하는 자리에서, 하려던 말을 끝내 하지 않았던 경우가 꽤 많았다. 불현듯 그 말이 떠오르곤 해서 말이다.

그런데 이성의 공적인 사용에 대한 칸트의 말을 되새겨보면, 세상을 이렇게 만든 책임에서 벗어날 수 없는 기성세대가 되었다 해서 사회문제에 침묵하는 것은 멋져 보이지만 사실은 자신의 신성한 권리를 포기하는 게 아닐까? 책임을 느낀다면 오히려 더 적극적으로 자신의 생각을 피력해야 하지 않을까? 그게 진정으로 인간다움의 핵심에 접근하는 모습이 아닐까?

어느 때부턴가, 탐탁지는 않지만 하지 않으면 곤경에 처할 수밖에 없는 일들이 갑자기 많아진 것 같다. 가족의 일원으로, 사회조직의 일원으로 살아야 하니까 말이다. 칸트 식으로 말하자면 사적 이성을 발휘해야 하는 경우들이 점차 늘어나게 되었다는 얘기다. 그러다 보니 사회 곳곳의 문제들을 꼼꼼히 따져보고 생각을 피력하기는 언감생심 엄두도 내지 못했던 듯하다. 만날 때마다 이런저런 사회문제를 철저하게 따져보고 자기 생각을 피력하는 지인들을 멀찌감치 떨어져 보려고 했던 게 사실이다. 나 자신의 인간다움을 스스로 방기하고 유린하는지도 모르면서 말이다.

칸트가 말하는 이성의 공적 사용을 발휘할 수 있는 자유는 과거와 비교해보자면 비교할 수 없을 정도로 커졌다. 어떤 영역의 문제든 문제가 있다 싶으면 이제 사람들은 과거처럼 침묵하지 않는다. 자신의 생각을 공론장에 제기한다. 그렇게 하는 사람도 이제는 더 이상 특정 사람들, 이를테면 언론인들에 제한되지 않는다. 그렇다고 모든 문제들이 바로바로 공론장에서 논의되고 있다는 건 아니다. 문제가 되는 순간 은폐되었다가 한참이 지난 뒤에야 알려져 많은 사람들의 공분을 사는 사건들이 여전히 너무 많다. 최근 우리 사회 전체를 들썩이게 했던 굵직굵직한 사건들(이른바 도가니 사건, 학교폭력 사태, 잊을 만하면 터져 나오는 정치권의 권력형 비리 사건 등등)만 봐도 그렇다. 당연한 얘기겠지만 이성의 공적 사용은 여전히 우리 사회에 더욱더 필요하다. 다만 그러할 때 잊기 쉽지만 대단히 중요한 사항을 잘 유념한다면 말이다.

누군가를 미성숙 상태로 영원히 예속시키는 것은 '용납할 수 없는 인간성 침해'다

칸트에 따르면, 자초한 미성숙 상태에서 벗어나기가 어렵다 하더라도, 홀로 된 개인이 아니라 공중 속에서 공중과 함께하는 개인으로서는 그럴 수 있다. 철저히 따져본 뒤 스스로 판단하고 그에 따라 행동하는 삶, 인간 본성의 핵심을 포기하지 않는 삶을 실현할 수 있다는 말이다. 이를 위해서는 제한 없이 자신의 이성을 공적으로 사용할 수 있는 삶이 모두에게 가능해야 한다고 칸트는 주장한다.

그런데 칸트가 그렇게 말했다 하더라도, 다음과 같은 물음을 던질 수 있다. '자신의 지성을 사용해서 스스로 판단하고, 그에 따라 행동하는 것'을 단념한 것처럼 보이는 사람, 즉 계몽의 상태로 나아가려는 기미가 안 보이는 사람에게도 그런 권리를 부여해야 하는가? 또 '자신의 지성을 사용해서 스스로 판단하고, 그에 따라 행동할 수 있는 능력'이 없어 보이는 사람은 어떻게 해야 하나? 이 사람에게도 그런 권리를 부여해야 하는가? 미성숙 상태에서 벗어나기를 단념한 사람이나, 그럴 능력이 없다고 판단되는 사람들에게 군이 그 권리를 부여해야 하는가?

얼핏 그럴듯한 문제제기로 보인다. 달리 말해 그런 사람들에게는 영원한 후견인이 필요한 것처럼 보인다. 그러나 칸트는 '계속해서 미성숙 상태에 머물러 있어서 마치 그로부터 벗어나기를 단념한 것처럼 보이는 사람'을 영원히 그런 상태에 두어도 된다고 결코 말하지 않는다. 그런 사람에게서 인간다움의 핵심을 영원히 박탈하려고 해서는 결코 안 된다는 것이다. 그건 인간성의 침해이고, 도저히 용납할 수 없다고 분명히 말한다. 이를테면 성직자 사회가 거기에 속한 사람들은 물론이고, 나아가 국민 전체의 영원한 후견인으로 남아 있으려고 제도적·법적 장치를 마련하려 한다면 전적으로 무효라고 그는 주장한다. 아울러 그건 인간성에 대한 침해이며, 따라서 누구나 정당하게 그것을 거부할 권리를 갖는다고 밝힌다.

칸트가 도저히 용납할 수 없다고 보는 행위는, 누군가 나이가 좀 어리다고 해서, 장애가 있다고 해서, 종교가 다르다고 해서, 그 사람은 스스로 판단해서 행동할 수 없다고 보고, 그의 권리는 계속해서 양도될 수 있다고 치부하는 것이다. 칸트는 그런 권리가 영원히 양도될 수는 결코 없다고 본다. 그래서 말한다. 국민이 스스로 결정할 수 없다고 해서, 그 일을 군주가 대신 결정할 수는 없다고. 달리 말해서 어떤 법률이 국민을 위한 법률인가 그렇지 않은가 하는 것은 '국민이 스스로에게 그 법률을 부과했는가 그렇지 않은가'에 달려 있다는 얘기다.

그리고 국민들의 의견일치를 통해서 그 법률이 채택될 때 유용한 법률로 받아들여질 수 있다고 칸트는 말한다. 물론 그 법률도 영원하지 않다. 당연히 더 나은 법률이 채택될 때까지만 유효하다. 더 나은 법률로 얼마든지 개선할 수 있다는 얘기다. 만일 그런 개선을 위한 노력을 누군가 잠시 동안이라도 방해한다면 이는 결단코 허용될 수 없다고 칸트는 분명히 밝힌다.

칸트의 이러한 언급은 오늘 우리 현실과 관련하여 대단히 중요한 점을 함축하고 있다. 공론장에서 자신의 의견을 개진할 수 있는 가능성은 과거에 비할 수 없을 정도로 성장했다. 그런데 그에 발맞추어 사회가 진정으로 계몽되었는가? 사실 이 점에 대해서는 분명하게 말하기 어렵다. 가장 핵심적인 이유는 '철저하게 따져보고, 스스로 판단해서 행동을 취할 수 있는 사람들'의 신성한 권리가, 예컨대 국익이라는 이름 아래 혹은 전문가 집단의 과학적 분석이라는 이름 아래 심심치 않게 유린되곤 하기 때문이다. 즉 공론장에서 충분히 토의해서 결정해야 할 중대한 사안들이 특정한 사람들의 논리에 따라 신속하게 처리되는 경우가 너무 많다는 얘기다.

인간다움의 적은 '의견이 다른 사람'이 아니라 모든 편견과 맹신이다

앞서의 언급에서 확인할 수 있었듯이 '계몽의 적'은 어떤 사안에 대해 서로 다른 의견을 가진 사람들이 아니다. 무엇보다 큰 '적'은 다른 사람의 신성한 권리(누구나 철저히 따져보고, 스스로 판단해서 행동할 수 있다는 것)를 인정하지 않으려는 사람들이다.

그렇다면 '다른 사람의 신성한 권리는 양도될 수 없다'고 여기는 사람들이라면 전혀 문제가 없는가? 칸트에 따르면 애석하게도 그렇다고 말하기는 어려워 보인다. 다른 사람의 신성한 권리는 양도될 수 없다고 주장함에도 불구하고, '자신의 의견을 개진하고 다른 사람의 의견을 들으면서 문제에 대한 합의점을 찾아가는 과정'에서 드러내기 쉬운 독단성과 편파성 때문이다. 달리 말하자면 자신의 의견이나 타인의 의견이나 하나의 의견이고, 토의를 통해서 합의에 이른 것도 하나의 의견이라는 사실을 받아들이는 사람들도, 실제로 그런 과정을 거치면서 종종 그런 사실을 잊고 자신의(혹은 자신이 지지하는) 의견만이 옳다는 생각에 빠지기 쉽고, 다른 사람의 의견을 편파적으로 판정하기 일쑤라는 얘기다. 이런 독단성과 편파성 역시 계몽의 적이라 할 수 있다.

그래서 칸트는 계몽은 고립된 개인이 아니라 공중에게서 가능하다고 언급함에도 불구하고, 공중의 계몽이 아주 느리다고 말한다. 공중은 과거의 굴레에서 벗어나자마자, 이제는 거꾸로 자신들에게 굴레를 씌웠던 사람들에게 또 다른 굴레를 씌우려고 한다는 것이다. 사람들은 그만큼 편파성과 독단성에 빠지기 쉽다. 바로 이런 까닭에 전제군주나 폭압정치는 혁명에 의해서 끝장낼 수 있겠지만, 사고방식의 참된 개혁은 혁명에 의해서도 성취되기 어렵다고 칸트는 말하고 있다. 새로운 편견도 낡은 편견과 마찬가지로 생각 없는 대중의 지침으로 봉사할 것이기 때문이라는 얘기다. 이 역시 오늘 우리에게 시사하는 바가 크다. 공론장에서 확인되는 편파성과 독단성은 시간이 갈수록 더해지는 듯하기 때문이다.

계몽주의 시대 독일의 탁월한 극작가였던 레싱Gotthold Ephraim Lessing, 1729~1781의 작품 중에《현자 나탄》이 있다. 십자군 전쟁 당시 예루살렘에 거주했던 현명한 유대교 상인 나탄을 주인공으로 한 계몽주의의 인간관을 보여주는 작품이다.《현자 나탄》은 갈등과 대립을 반복하던 유대교, 기독교, 이슬람교인들이 현명한 유대인 상인 나탄의 지혜로운 행동에 의해서 자신들이 특정 종교에 속한 종교인이기 이전에 모두 한 인간이라는 사실을 자각함으로써 갈등과 대립에서 벗어나게 된다는 내용을 담고 있다. 너무도 많은 볼거리에 익숙해진 우리들에게《현자 나탄》은 그다지 흥미를 끌지 못하는 작품임이 분명해 보인다. 그럼에도 불구하고 우리에게 시사해주는 바는 자못 크다. 남과 북, 좌와 우, 진보와 보수로 나뉜 채, 사회적 이슈에 대해서 자신의 생각을 개진하는 논객들을 보면, 그리고 논객들의 논의를 예의 주시하며 격한 표현을 주저하지 않는 많은 사람들은 보면, 우리 모두가 진보주의자나 보수주의자이기 전에 동일한 공동체 구성원이라는 사실을 망각하고 있는 건 아닌가 자주 생각하게 된다.

"요즘 학생들 왜 그러지?"
"이제 뭐든 스스로 판단하고 결정할 수 있어요."

축구를 별로 좋아하지 않는 사람도 박주영 선수를 모르진 않을 것이다. 그는 2011년 여름 영국 프리미어리그 명문 구단 아스날에 입단했다. 언론이 들썩거렸고, 덩달아 많은 사람들이 기대감을 감추지 않았다. 나도 그중 한 사람이었다. 그런데 이 일로 큰애한테 제대로 한방 먹게 될 줄이야.

큰애는 정말 축구를 좋아하는데 아스날의 열성팬이다. 아스날 경기가 생중계되면 밤을 새워가며 보길 주저하지 않는다. 그런데 녀석은 박주영의 아스날 입단에 처음부터 뜨뜻미지근한 반응을 보였다. 아니 정확히 말하면, 활약 가능성을 상당히 회의적으로 바라보았다. 그런 생각이 맘에 들진 않았지만 내색하진 않았다.

그러던 중 일이 벌어졌다. 박주영의 프리미어리그 데뷔가 계속 미뤄지자, 많은 국내 팬들이 아스날 벵거 감독을 비난하게 되었다. 나 역시 마찬가지였다. 아스날 경기 생중계가 있던 날이었다. 큰애에게 물었다. "아니, 왜 벵거 감독은 박주영을 안 쓰는 거야? 그러려면 뭐하러 데려갔대?" 기다렸다는 듯 장황한 설명이 이어졌다. 그런데 이게 웬일인가? 내가 제대로 소화할 수 있는 내용이 거의 없었다. 박주영이 아스날 전술을 제대로 수행하지 못하기 때문일 거라는 얘기 빼고는. 큰애 얘기가 끝나자마자 나도 모르게 감정이 실린 말이 튀어나왔다. "벵거의 전술이 얼마나 대단하기에? 박주영은 유럽 무대에서 검증받은 선수 아냐? 그런 박주영이 벵거의 전술을 수행하지 못한다고? 말도 안 돼." 말을 해놓고 보니 내 꼴이 좀 우습기도 했지만, 녀석이 더 이상 대꾸를 하지 않자 더 맘이 꼬여 들어갔다.

며칠이 지났다. 저녁을 먹고 휴식을 취하고 있는데 녀석이 물었다.

"아빠 그 기사 보셨어요? 박주영이 리그에 못 나오는 이유에 관한 기사?" 못 봤다고 하자, 인터넷에 연결해 기사가 실린 사이트를 클릭해서 보여 줬다. 아스날 2군 감독이 박주영을 평가하는 내용이 담긴 기사였다.

그 감독에 의하면 박주영은 지시한 내용을 굉장히 잘 수행하고 열심히 하는 좋은 선수지만, '또 다른 무엇'을 하지 못한다. A라는 공격 전술을 익히고 그걸 실전에 적용하는 데에는 전혀 문제가 없단다. 그런데 그게 통하지 않으면, 스스로 활로를 찾아야 할 텐데, 박주영은 그걸 제대로 못 해낸다는 것이다. 간단히 말해 창의성 부족과 적극성 결여가 박주영의 발목을 잡고 있는 거라는 진단이다.

순간 박주영이 아스날 전술을 잘 소화하지 못하고 있는 거라던 큰애의 말이 떠올랐다. 기사를 다 읽고, 빙긋 웃는 녀석의 얼굴을 봤다. 내게 이렇게 말하는 것 같았다. "아빠, 이제 아셨어요? 제가 편견을 갖고 무작정 한 말이 아니에요. 이제 뭐든 제 스스로 생각해서 판단하고 결정할 수 있단 말예요. 저도 박주영이 하루 빨리 프리미어리그 무대에서 뛰는 걸 보고 싶다고요. 저 이제 다 컸죠?" 엉덩이를 가볍게 두드려주면서 한마디 해줬다. "아들, 아들 덕에 아빠가 한수 배웠네." '다 컸다고? 다 크긴 녀석아. 암튼 박주영은 곧 훨훨 날 거야'라는 말은 속으로 삼키며.

이런 일이 있었다고 우리 큰애가 하루아침에 칸트가 말하는 계몽의 단계로 진입했다고 말하는 것은 아니다. 다만 이 일을 계기로 되짚어본 게 있어 그 얘길 하려는 것뿐이다. 강의실에서 봐왔던 학생들의 소극적 태도에 대한 그간의 생각에 대해서 말이다.

나는 강의실에서 늘 학생들에게 힘주어 그리고 진정으로 말해왔다.

적극적으로 사고하고, 강의 내용에 의문이 있거나 하고 싶은 얘기가 있을 때 주저하지 말고 얘기하라고. 생각보다 학생들의 반응은 신통치 않았다. 그럴 때마다 혼자 중얼거리곤 했다. 또 때론 동료들을 만나서 얘기하곤 했다. "요즘 학생들 왜 그러지? 도통 뭘 깊이 있게 생각하려 들지 않으니 말이야. 적극성이라도 있으면 좋으련만"이라고.

그런 내 얘기가 섣불렀던 게 아니었나 하는 생각을 해본다. 멍석이 안 깔려서 그렇지 학생들은 이미 충분히 성숙한 상태라는 사실을 무시했던 것은 아닌가 하고 말이다. 여기저기서 과거와 달라진 학생들의 모습에 대해서 얘기한다. 이를테면 요즘 학생들 '인터넷교'에 빠진 채, 도통 자기 스스로 생각해서 뭘 하려 들지 않는다고. 그런데 그런 말을 듣는 학생들이 혹여 세상을 향해, 기성세대를 향해 이렇게 말하는지 모르겠다. SAPERE AUDE! 여하튼 대학생이 된 후에도 자신의 생각이나 의견이 일방적으로 무시되고 있다고 판단된다면, 더 이상 묵과해서는 안 될 것이다. 그것은 눈감고 넘어가도 되는 소소한 일이 아니라, 자신의 인간다움을 포기하는 것과 다르지 않기 때문이다.

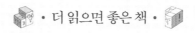

· 더 읽으면 좋은 책 ·

만프레트 가이어, 《칸트 평전―한 꼬마가 세계적 현자가 되기까지》, 김광명 옮김(미다스북스, 2004)

칸트는 근대철학의 완성자이자 인류 역사상 가장 위대한 철학자의 한 명으로 일컬어지는 인물이다. 그의 철학에 대한 개론서는 수없이 많다. 국내에 소개된 입문서도 다른 철학자에 비하면 월등히 많다. 그렇지만 철학에 익숙하지 않은 일반 독자가 큰 어려움 없이 그의 철학 전반을 이해할 수 있는 책은 드문 것이 사실이다. 이런 점에서 이 전기는 칸트 철학 전반을 이해하려는 일반 독자에게 도움을 줄 수 있을 것이다. 특히 그의 계몽사상의 핵심을 파악하는 데 큰 도움이 될 것이다.

김수용, 《독일 계몽주의》(연세대학교출판부, 2010)

'계몽'에 대한 학문적 논의에서 거의 예외 없이 언급되는 칸트의 계몽사상을 담은 〈계몽이란 무엇인가?에 대한 답변〉은 상당히 짧은 글이다. 그럼에도 일반 독자가 이 문헌을 직접 읽기에는 많은 제약이 따른다. 김수용의 이 책은 칸트의 계몽사상을 당대의 흐름, 특히 바로 다음에 소개한 레싱의 문학과의 연관 속에서 비교적 명료하게 파악할 수 있도록 해준다.

고트홀트 에프라임 레싱, 《현자 나탄》, 윤도중 옮김(지만지, 2009)

독일 근대 희곡의 아버지로 불리는 레싱의 대표작으로 칸트의 계몽사상에 상응하는 문학 작품으로 알려져 있다. 이 작품은 갈등과 대립을 반복하던 유대교, 기독교, 이슬람교 교인들이 현명한 유대인 상인 나탄의 지혜로운 행동에 의해서 자신들이 특정 종교에 속한 종교인이기 전에 모두 인간이라는 사실을 자각함으로써 갈등과 대립에서 벗어나게 된다는 내용을 담고 있다. 이념 간, 지역 간, 세대 간의 갈등으로 어려움을 겪고 있는 우리에게 시사해주는 바가 자못 큰 작품이다.

이제 칸트가 쓴 〈계몽이란 무엇인가?에 대한 답변〉에 직접 도전해볼 차례다. 이 글은 이한구가 편역한 《칸트의 역사 철학》(서광사, 2009)에 실려 있다. 이 책은 칸트가 역사 철학에 대해 쓴 논문 일곱 편을 모은 것이다. 계몽에 대한 칸트의 생각은 역사의 전개에 대한 견해와 긴밀하게 연관되어 있다. 따라서 이 책에 실린 논문들을 함께 읽는다면 계몽에 대한 칸트에 견해를 입체적으로 조망할 수 있을 것이다. 책의 말미에 실린 '옮긴이 해제'는 독자들이 보다 심층적인 이해로 나아가도록 도와준다.

2부

•

어떻게 살 것인가

5장

스마트 시대, 현명한 인식이란

데카르트의 코기토cogito, '관념적 인식과
감각적 인식을 잘 구분하라'

D·e·s·c·a·r·t·e·s

르네 데카르트René Descartes(1596~1650)

프랑스의 철학자, 수학자, 물리학자. '근세철학의 아버지'라 불리는 데카르트는 '방법적 회의懷疑'라
는 방법론을 통해 진리의 출발점에 도달하려 했다. 감각적 지식은 물론 가장 확실하다고 여겨지는 수
학적 지식마저 의심해봄으로써, 마침내 더 이상 의심할 수 없는 것, 즉 사유하는 내가 존재한다는 사
실——나는 생각한다 그러므로 나는 존재한다cogito ergo sum——에 이르렀고, 이로부터 확고한 인
식의 체계를 구축하고자 했다.

D·e·s·c·a·r·t·e·s

모든 게 의심스럽다고?
그렇다면 정말 제대로 의심해보라

스마트 시대라고 한다. 원하기만 하면 웬만한 지식은 언제 어디서고 쉽게 손에 넣을 수 있는 시대에 살고 있다. 포털사이트 검색창에 검색어를 입력한 뒤, 엔터키만 누르면 원하는 지식을 얻을 수 있다. 장소와 시간에 구애받지 않고 말이다. 그런데 그렇게 얻는 지식들 중 확실한 게 과연 얼마나 될까? 스마트 시대에 우린 얼마나 스마트한 인식을 하고 있는가? 혹시 옥석을 가리지 못하고 그저 표피적 감각성에 의존한 지식을 무한히 신뢰하면서 자신이 스마트하다고 착각하는 건 아닌가? 스마트 시대에 정말 스마트한 인식이 무엇인지 살펴볼 필요가 있지 않겠는가.

얼마 전 아내의 휴대폰에 다음과 같은 문자 메시지가 날아들었다.

○○증권

2012/01/06 2:08 PM

[긴급] 오전 11시경, 북한 영변 경수로 대폭발, 고농도 방사능 유출, 서울 위험-고폭 실험도중 사고 폭발, 영변 시내 아수라장, 북한군 비밀 노출 막기 위해 대피 주민 사살 중. 오늘 오전 11시경, 북한에서 고폭 실험 도중(추정) 현재 건설 중인 영변 경수로(열출력 100MW급) 대규모 폭발 사고 발생, 현재 시간당 98msv 규모 고농도 방사능 누출(1주일 노출 시 급성 백혈병 발병 위험), 북서계절풍 타고 고농도 방사능 빠르게 서울로 유입 중……위험 경보 내려야 할 듯, 현재 평양 류경호텔 직원과 통화 결과, 평양 시내 하늘이 방사능 분진으로 추정되는 희뿌연 연기로 가득 차 있다고 전함.

이 문자 메시지를 본 순간, 아내는 머릿속이 하얘졌다고 한다. 일이 손에 잡히지 않았고, 애들을 서울에서 멀리 떨어진 지인의 집으로라도 일단 보내야겠다는 생각을 했을 뿐, 다른 일은 뭘 어떻게 어떤 순서로 해야 할지 몰라 혼란스럽기 이를 데 없었단다. 아 그렇게 심란했다면 왜 나한테 전화부터 하지 않았던 거야? 난 이런 말을 하고 싶었다. 그런데 그럴 겨를도 없을 만큼 순간적으로 패닉 상태에 빠졌던 모양이다. 평소엔 웬만한 일에 꿈쩍도 않는 사람인데. 10여 분 뒤, 사실무근이라는 메시지를 받고 안도의 한숨을 내쉬긴 했지만, 그 뒤에도 한동안 긴가민가했단다.

하여간 이런 일을 한번 겪게 되면 세상사를 사람들이 말하는 대로, 언론에서 보도하는 대로, 인터넷 포털사이트에 올라 있는 대로 소박하게 믿었던 사실을 잠시나마 의심하곤 한다. 물론 우린 의외로 빨리 그런 일을 잊는다. 그러곤 언제 그랬냐는 듯이, 또다시 세상 사람들이 하는 얘기를 소박하게 받아들인다. 내 아내가 그랬던 것처럼. 이게 상식인의 모습이다. 그런 일이 있었다고 세상일에 판단 중지를 선언한다는 건 일상인에겐 사치일 수 있다.

다른 한편 생각보다 많은 사람들이 세상 사람들의 얘기를 액면 그대로 받아들이지 않으면서 살아가고 있다. 너무도 분명한 사실을 코앞에 제시해도 믿지 않는다. 끊임없이 의심하면서 살아가는 사람들이 의외로 많다는 얘기다. 무슨 소리냐고? 그럴 리가 없다고? 천만에. 애석하지만 많은 사람들이 그렇게 살아간다. 이 역시 일상인의 모습이다. 물론 모든 면에서 그러기는 어렵다. 그러나 사안별로, 혹은 특정 대상과 관련해서 끊임없이 의심하는 사람들을 확인하기는 어렵지 않다.

다 그렇지는 않지만, 진보를 자처하는 많은 사람들은 이른바 조중동으로 불리는 보수 언론의 기사 내용을 얼마나 믿을까? 또 역으로 보수 진영의 사람들은 《한겨레》나 《오마이뉴스》의 기사 내용에 얼마나 수긍할까? 적지 않은 사람들이 상대 진영의 얘기를 콩으로 메주를 쑨다고 해도 믿지 않을 것이다.

새로운 학기의 첫 시간이 되면 학생들에게 늘 들려주는 얘기가 있다. 철학의, 인문학의 필요성에 관한 얘기다. 고개를 끄덕이거나 호기심을 보이는 학생들이 있는가 하면, 시종일관 의심의 눈길을 걷으려 하지 않는 학생들도 적지 않다. 철학의, 인문학의 필요성을 수학 문제 풀듯 증명해준다 한들, 수긍할까 싶을 정도로 맹목적이기까지 하다. 사실 한 학기

내내 그런 태도로 수업에 임하는 학생들이 적지 않다. 정말 곤혹스러운 일이 아닐 수 없다.

하여간 이런 태도가 자연스럽다고 할 수는 있어도, 현명하다고 하기는 어려울 것이다. 자기 틀에 갇힌 채, 인식의 확장을 꾀하려는 모습을 찾아보기 어려우니까.

이런 사람들에게 데카르트는 특별한 '인식의 항해'를 떠나보자고 말한다. 의심을 종식시켜줄 '더 이상 의심할 수 없는 확실한 인식'이 있는지 없는지 한번 살펴보자고. 이를 위해 확실한 것이 나타날 때까지 일단 의심부터 해보자고. 대충 의심하다 그치는 게 아니라, 의심해볼 수 있는 데까지 의심해보자고. 항해가 힘들지 모르지만, 도중에 쓰러지지 말고 끝까지 가보자고. 그래서 끝장을 보자고. 힘들다고 도중에 멈춰버리면 미로에 빠져 헤맬 수 있으니, 단단히 맘을 먹고 길을 떠나자고. 자칫 현혹되기 쉬운 지점(형이상학이라는 섬)이 있으니 정말 조심해야 한다고. 그래야 '건전한 상식인'으로 거듭날 수 있다고. 그래야 지혜로운 삶에 이를 수 있다고. 물론 이런 항해가 일상인에겐 익숙하지 않고, 그래서 매우 힘들지라도 말이다.

수학적 지식도 의심해볼 수 있다

데카르트는 《성찰》에서 더 이상 의심할 수 없이 확실한 데에 이를 때까지 의심을 해보는 '의심의 항해'를 시도한다. 이 점에서 일상인의 의심과 데카르트의 의심은 다르다. 일상인의 의심은 대부분 지속적이지 않다. 설사 지속적인 의심이라고 하더라도 대개 '누구도 더 이상 의심할 수 없는 확실한 것에 이르기 위한 의심'이 아니다. 그저 '의심을 위한 의심'인 경우가 많다. 어느 연예인의 학력을 적지 않은 사람들이 지속적으로 의심했던 것처럼 말이다. 어떤 이유에서건 신뢰가 가지 않는 사람이나 집단에 대한 끊임없는 의심은 전부 이런 의심이다. 이에 반해 데카르트의 의심은 누구도 더 이상 의심할 수 없는 확실한 인식에 이르기 위한 일종의 사고실험이다. 이런 데카르트의 의심을 방법적 회의methodical doubt라고 부른다.

데카르트의 의도는 분명하다. 더 이상 의심할 수 없는 게 있다면 그걸 출발점으로 삼아 확실한 인식의 길로 나아가려는 것이다. 그런 인식의 길이 열린다면, 그 길은 우리가 지혜롭게 살아가는 데 기여할 수 있다고 그는 말한다. 그래서 데카르트는 지난한 '의심의 항해'를 떠난다. 물론 그런 항해를 떠나겠다고 마음먹은 것은 어제오늘의 일이 아니다. 단단히 벼르던 일이었다. 그는 항해가 쉽지 않은 길임을 고백한다. "그건 아주 힘든 일이고 조금만 나태해져도 일상적 태도로 돌아가게 된다"고.

데카르트는 어떤 인식이 확실한지 그렇지 않은지 다 의심해본다. 물론 모든 인식을 다 의심해보는 건 아니다. 그렇게 할 수도 없다. 다만 인식의 원리적인 측면에 주목해서 의심해본다. 감각적 지식부터 시작해서 학문 일반에 대해서, 더 나아가 학문 중에서 가장 확실하다고 말할 수 있는 수학에 대해서까지. 다시 말해 감각적 인식과 지성적 혹은 이성적 인식을 원리적인 측면에서 의심해보고 있다.

데카르트는 먼저 감각이 우리를 자주 기만한다고 말한다. 탐스럽게 익은 과일이 맛있을 거라고 생각하며 한 입 베어 물었다가 낭패를 보는 일은 누구나 한번쯤 겪어봤을 것이다. 혹은 뒷모습만 보고 자기가 아는 사람이라고 확신하고 앞으로 달려가 알은체했다가 무안을 당하는 경험도 한두 번씩은 해보지 않았을까? 또 길을 걷다 뒤에서 누군가 자기를 부른다고 확신해서 뒤를 돌아봤는데, 실제로는 그렇지 않았던 경험들도 마찬가지다. 어디 이뿐인가? 사실 감각에 의해 기만당하는 경우는 일일이 다 열거하기 어려울 정도로 많다.

데카르트는 말한다. 그렇지만 '지금 내가 여기에 있다'라든지 '내가 지금 책을 보고 있다'라는 감각적 인식은 일단 부정할 수 없는 것처럼 보인다고. 이런 인식들을 부정한다면 미치광이처럼 보일 게 분명하다고. 그럼에도 불구하고 그런 인식들이 꿈속에서 겪게 되는 것과 정말로 다른지는 여전히 의심된다고. "깨어 있음과 꿈꾸고 있음을 가를 수 있는 어떤 징표도 없다는 사실을 깨닫고서" 얼떨떨해졌다고. 꿈을 꾸면서, 꿈속에서, "지금 내가 여기에 있다"고 말하고 있는 게 아닌가 하고 의심해볼 수 있다고.

이어서 데카르트는 말한다. 개별 감각적 인식들은 허구적이고 공상적인 것이 아니라고 할 확실한 근거가 없다고 하더라도, 단순하고 보편적인 것들, 이를테면 물체의 형태, 크기, 수(연장성extension) 등은 확실한 것처럼 보인다고. 이로부터 감각의 경험적인 요소는 확실하지 않으며, 지성의 보편적이고 선험적인 요소는 확실하다고. 그래서 감각의 경험적인 요소가 섞여 있는 학문은 의심스러운 데 반해 그렇지 않은 수학은 확실하다고. 자신이 깨어 있든 잠들어 있든, 2 더하기 3은 5이며, 삼각형의 내각의 합은 2직각이라고. 이렇게 보면 더 이상 의심할 수 없는 데에 이른 것처럼 보이기도 한다.

그런데 데카르트는 여기서 멈추지 않고 과장된 의심처럼 보이는 의심에 뛰어든다. 사실 수학적 지식만큼 확실한 것은 거의 없다. 데카르트 자신도 그렇게 생각한다. 그가 말하는 확실한 인식의 핵심에 놓인 것이 바로 수학적 지식이라 할 수 있다. 수학적 지식을 충족시키는 확실함은 추구해도 좋다고 데카르트는 생각했다. 그럼에도 불구하고 데카르트는 의심의 항해를 하는 과정에서는 수학적 지식마저도 의심을 해본다. $(a+b)^2=a^2+2ab+b^2$이라는 사실마저도. 혹시 우리를 속이려는 의도를 지닌 악령이 있어서 사실이 아님에도 불구하고 그렇게 받아들이도록 조종하고 있는 건 아닌가 하고 데카르트는 의심해본다.

꿈과 현실이 구분되지 않는다는 의심도 과장으로 보이는데, 이는 말할 것도 없다. 그렇지만 이런 의심이 과장돼 보이기는 하더라도, '확실한 것으로 향해 가는 항해'를 염두에 두면, 그렇게 이상한 것은 아니다. 게다가 어떤 걸 의심하다가도 쉽게 믿어버리는 우리의 습관을 생각해보면, 확실한 것을 찾아 떠나는 항해에서 이런 의심을 해보는 것은 결코 나쁘지 않다. 그렇게 함으로써 얻을 수 있는 점이 있다는 얘기다.

이렇게 하면 무언가 참된 것을 인식하는 것은 내 능력 밖의 일일지 몰라도, 거짓된 것에는 동의하지 않는 것과 제아무리 유능하고 교활한 사기꾼이라도 내게 어떤 것도 강요하지 못하도록 불굴의 정신으로써 주의하는 것은 확실히 내 소관이다.　　—《성찰》, 양진호 옮김, 책세상, 41쪽

궁극적으로는 상식의 세계로 돌아가야 하는 항해임을 생각해보면, 아직 출발에 불과하지만 과도해 보이는 의심은 의미 있는 발걸음을 내디딘 셈이라는 말이다. 이렇게 해서 데카르트의 첫날 항해는 종료된다.

의심을 끝까지 밀고 나가면, 예상치 못한 반전이 일어난다

둘째 날 항해에서 '과장된 의심 같은 생각이 드는 의심'을 계속 밀고 나가던 중 예상치 못한 반전이 일어난다. 의심을 계속 밀고 나가면, 힘들어도 멈추지 않고 진행시켜가면, '확실한 것은 아무것도 없다'라는 사실에 도달하게 된다. 그리고 그러한 사실에 도달하면, '조금도 의심할 수 없는 것은 하나도 존재하지 않는다는 사실을 나는 도대체 어떻게 알고 있는 것일까?'라는 물음을 던질 수 있다.

어떻게 그런 일이 있을 수 있는가? 내가 있기 때문이다. 그것도 사유하는 내가 있기 때문에. 내가 없다면, 더 정확히 얘기하면 사유하는 내가 없다면, '조금도 의심할 수 없는 확실한 것이 존재하지 않는다는 사실'을 어떻게 알 수 있겠는가? 이렇게 해서 반전이 일어난다. 내가 있다는 것, 사유하는 내가 있다는 건 더 이상 의심할 수 없다는 점이 분

오귀스트 로댕, 〈생각하는 사람〉, 1880
데카르트가 '의심의 항해'를 통해 도달한 지점이 '코기토'다. 다른 건 다 의심할 수 있어도 '생각하는 내가 존재한다'는 사실만은 더 이상 의심할 수 없다는 것이다.

명해진다. 그래서 데카르트는 말한다. "나는 있다, 나는 실존한다. 이것은 확실하다. 하지만 얼마 동안? 물론 내가 생각하는 동안." 즉, 사유하는 것res congitans으로서의 나의 존재는 참된 존재이고, 참으로 실존한다고. 이 내용이 그 유명한 '나는 생각한다 그러므로 나는 존재한다'라는 말 속에 담긴 의미이다. 그리고 이를 줄여서 데카르트의 코기토라고 말한다.

이때 데카르트가 말하는 사유란 의심하고, 이해하며, 긍정하고, 부정하며, 의욕하고, 의욕하지 않으며, 상상하고, 감각하는 것이다. 즉 이때 사유란 지성적인 활동, 의지적인 활동, 정서적인 활동을 모두 포괄하는 것이다.

결국 데카르트에 따르면, 사유하는 나의 존재는 확실하다. 그는 이러한 사유하는 주체, 즉 정신을 실체로 본다. 그럼에도 불구하고 오류가 생기는 이유는 무엇인가? 이에 대해서 데카르트는 말한다. 그건 나의 사유밖에 있는 대상과 관계 맺으려 하기 때문이라고. 이런 물음을 말끔히 해소하기 위해 항해는 계속되어야 하지만, 숨을 고르기 위해 데카르트는일단 여기서 둘째 날 항해를 멈춘다. 더 이상 의심할 수 없는 확고한 항해지점에 도달했다는 사실에 뿌듯해하면서 말이다.

'사유하는 자아'만으론 공허하다, 그 공허를 넘어설 수 있는 길은 무엇인가

'의심의 항해'를 통해 도달한 확실한 지점이 코기토다. 다른 건 다 의심할 수 있다 하더라도 '생각하는 내가 존재한다'는 사실만은 더 이상의심할 수 없다는 사실이 확실해졌다. 문제는 사유하는 자아가 자기 밖에 있는 대상과 관계 맺으려고 하는 데서 생긴다. 그럴 경우, '내가 표상한 것'과 '외부 사물'의 일치 관계를 판단할 수밖에 없고, 그때마다 오류와 오류에 대한 의심이 생겨나곤 한다는 것이다. 그래서 데카르트는말한다.

내 바깥에 어떤 사물들이 있다. 이것들의 관념은 이것들로부터 왔으며, 이것들과 완전히 닮았다, 하는 것이다. 여기서도 나는 오류를 범했다.

—《성찰》, 62쪽

무슨 말인지 예를 들어 설명해보자. 나는 침실 벽지에 나 있는 검은색의 작은 흠집을 보고 종종 오류를 범한다. 모기가 기승을 부릴 때면 그걸 모기로 착각하는 경우가 한두 번이 아니다. 약간 거리를 둔 채 흠집을 보고서 모기에 관한 상像을 만든 뒤, 가까이 가서 그 흠집과 내가 만든 관념(모기의 상)을 일치시켜본다. 그러고 나서 내 관념이 잘못임을 알곤 한다는 얘기다.

그런데 이런 사실은 역으로 자아가 '사유하는 자신' 밖에 있는 것과 관계하지 않으면, 즉 자아가 오로지 자기 자신과 관계하면 오류가 없음을 의미한다. 그래서 데카르트는 자아의 시선을 밖으로 향하게 하지 말고, 안으로 향하게 해보라고 말한다.

이제 나는 눈을 감으리라. 귀를 막으리라. 모든 감각을 멀리하리라. 몸을 가진 것들에 대한 모든 그림들조차 내 생각에서 지우리라. 아니, 이런 일이 일어나기 어렵다면, 차라리 이것들은 아무 것도 아니다, 헛되고 거짓된 것들이라 여기리라. 그리고 내게만 말 건네고 나만을 깊이 들여다보며 나 자신이 점점 더 내게 알려지도록, 친숙해지도록 애써보리라.

—《성찰》, 61쪽

그러나 이러한 사실에도 불구하고 '확실한 인식 체계'에 도달하기 위한 항해가 이 정도에서 멈추어서는 안 된다는 것을 데카르트는 잘 알고 있다. 자아는 자기 밖으로 나아가서 대상들을 인식해야 한다. 자아가 자아 밖에 있는 대상과 관계 맺으려고 할 때 오류를 범하게 된다는 사실을 알고 있지만, 그렇다고 자기 안에 머무를 수만은 없는 노릇이다. 자아 밖에 있는 것에 대한 인식이 참된 인식에 이를 수 있는 길을 모색해야 한다. 자기 안에만 머무르는 자아는 내용이 없는 자아이고, 그런 자아만으로 확실한 인식 체계에 이르렀다고 말할 수는 없기 때문이다. 그 자아에 내용이 채워져야만 한다.

그렇기 때문에 사유하는 자아는 자기 안에 머무르는 데서 벗어나 밖으로 나가야 한다. 그런데 자아가 자기 밖으로 나가고자 할 때, 오류에서 벗어나기 힘들다. 여기서 진리를 향한 의심의 항해는 진퇴양난에 빠지게 된다. 사유의 내용들(형식들)이 확실한지를 알기 위해서는 사유하는 자아가 밖으로 나가야만 한다. 그러나 그렇게 나갈 경우 오류에서 벗어나기 힘들게 된다. 이 딜레마를 벗어나기 위해서는 어떻게 해야 하는가? 데카르트는 어떤 방법을 제시하고 있는가?

이러한 딜레마를 벗어나기 위해서 데카르트가 취하는 방식은 사유하는 자아 안에 있는 모든 관념을 끄집어내 샅샅이 살펴보는 것이다. 자아 외부로 나가지 않더라도 내부 관념들 중에서 외부 대상에 대한 진리 내용을 담고 있는 것이 있다면 참된 인식의 체계를 만들어낼 수 있지 않겠느냐는 얘기다. 그래서 그는 자아가 갖고 있는 관념의 리스트를 만든다. 그러고 나서 어떤 관념이 세상을 다 얻게 해줄 수 있는지를 살펴본다. 자아가 지닌 관념들을 살펴보고, 그 관념 중에 자아 밖 세상의 실재

및 그 실재에 대한 인식이 타당하다는 내용을 담은 관념이 있는지를 살펴보는 것이다. 만일 그런 게 있다면, 그 관념을 통해서 '자아 밖에 있는 세상의 실재'의 타당성을 입증하고, 더 나아가 참된 인식의 체계를 마련해보려는 것이다.

이와 관련하여 데카르트가 제시하는 결정적인 방법은 자아가 지닌 관념들을 완전성의 정도에 따라서 검토하는 것이다. 데카르트는 이를 '표상적 실재성'에 따라 검토하는 길이라고 부른다. 관념들을 '그것들이 함의하는 내용'의 실재성에 따라서 검토하는 길이다. 그것도 경험에 의존하지 않고 선험적인 방식으로.

관념의 완전성을 따져서
인식의 타당성을 검토한다

그렇다면 표상적 실재성에 따른 구분이란 구체적으로 뭘 의미하나? 그건 인과관계에 따라서 관념들을 구분하는 것이라 할 수 있다. 그런데 문제는 인과관계의 끝으로 가면, 즉 인과관계의 최초의 원인이 되는 기원으로 소급해 가면, 결국 관념이 아닌 사물에 이를 수밖에 없다는 데 있다. 그리고 이렇게 되면 의심의 항해에서 어렵사리 획득한 것이(의심을 통해 도달한 확실한 것, 즉 코기토) 수포로 돌아간다. 왜냐하면 밖에 있는 것 중에는 확실하다고 할 수 있는 게 아무것도 없기 때문이다.

이러한 문제점을 벗어나기 위해서 데카르트는 경험에 의존하지 않는 선험론적인 방법에 따라 관념들을 구분한다. 쉽게 말하자면 연역적 방법을 취한다. 더 완전한 것은 덜 완전한 것에서 생겨날 수 없다는 얘기다. 이를테면 존재는 무로부터 생겨날 수 없다는 원칙을 통해서 관념들의 위계를 세운다. 요컨대 관념들은 그것들이 표상하고 함의하는 내용의 실재성(완전성)에 따라 인과관계로 정리되고 분류될 수 있다는 얘기다. 각 관념이 도출해낼 수 있는 연역 가능성에 따라 말이다. 이럴 경우 완전자로부터 불완전자의 도출이 가능해진다.

그렇다면 이 관념들의 인과관계는 어디서 시작하나? 완전하게 실제로 존재하는 것에서 시작된다. 그런데 확실하게 존재하는 건 오직 나뿐 아닌가? 그렇다면 자아로부터 모든 관념들이 연역적으로 도출될 수 있나? 의식 내의 모든 관념이 자아의 관념이 가진 실재성으로부터 도출될 수 있는가? 이 연역을 위해서 데카르트는 자아가 지닌 관념을 살펴보고 세 부류로 나눈다. 1) 신의 관념 2) 영혼이 없는 물체의 관념 3) 자아 이외의 다른 사람들, 그 밖에 동물에 관한 관념.

데카르트에 따르면, '나 아닌 다른 사람들과 동물들' 그리고 '물체'는 자아로부터 연역 가능하다. 그것들은 자아보다 우월하지 않다는 말이다. 그것들은 '나 자신으로부터 야기될 수 없다고 생각될 정도로 대단한 것'은 아니라는 얘기다.

그래서 결국 데카르트는 신 개념에 대한 분석으로 나아간다. 이에 따르면 정신의 눈을 갖고 나를 보면, 나는 불완전한 것이고, 의존하는 것이며, 끊임없이 더 크고 더 좋은 것을 바라는 것임을 알 수 있다. 동시에 내가 의존하고 있는 존재는 더 큰 것을 가능성뿐만이 아니라 현실적으로도 무한하게 갖고 있다. 나는 그것이 신임을 알 수 있다. 더 나아가 그는 다음과 같이 말한다.

> 만일 신이 참으로 실존하지 않는다면, 나는 이렇게 '나는 있다'(곧 '나는 신의 관념을 지니고 있다')고 하는 본성을 지닌 자로서 실존할 수 없다. 이르건대, 나는 신의 관념을 지니고 있으며 바로 이 신은 내가 품을 수 없지만 생각으로써 어느 정도 다가갈 수는 있는 모든 완전성들을 지니고 있다.
>
> ─《성찰》, 81쪽

결국 데카르트는 이렇게 신의 관념을 명료화하는 데 이른다. 이는 무한자 개념의 생성 배경에 대한 여러 반대 견해를 논박하는 걸 의미한다. 그러나 이런 작업을 수행했다고 해서, 데카르트의 항해가 마무리된 것은 아니다. 여전히 메워야 할 것이 있고, 그걸 메우기 위해서는 항해해 나아가야 한다는 얘기다. 자아의 인식 활동이 참일 수 있음이 입증되었다고 하지만, 그 자아는 여전히 공허감을 감추지 못하는 상태에 머물러 있다. 밖으로 나아가야 한다. 물체로 말이다. 이런 생각을 하면서 데카르트는 셋째 날 항해를 멈춘다.

언제부턴가 우리 작은애가 다니는 초등학교에선 독서 퀴즈 대회가 매 학기 초에 열려왔다. 1년 전의 일이다. 쉽게 생각했다가 몇 번 고배를 든 탓인지 작은애는 다른 때와 달리 다가오는 독서 퀴즈 대회 우승을 자신하지 못했다. 깊은 회의에 빠져 있는 듯했다. 최선을 다하는 게 중요하다고 몇 차례 얘기했지만 소용이 없었다.

그러던 녀석이 며칠이 지난 뒤, 밝은 표정을 지어 보이며 이런 말을 했다. "아빠, 제 모습에 많이 실망하셨죠. 자신감을 잃었으니까요. 독서 퀴즈 대회에서 우승해야겠다는 생각은커녕, 참가하는 것 자체가 귀찮게 느껴졌어요. 그런데 문득 퀴즈 대회에서 좋은 성적을 내지 못해도 제 존 재감이 사라지는 게 아니라는 생각이 들었어요. 너무도 확실하게 말이에요. 그래서 다시 마음 굳게 먹고, 퀴즈 대회에 참가해보려고요." 뭐라 표현할 말이 없었다. 요즘 젊은 친구들처럼 '헐'이라는 감탄사를 내뱉으며, 그저 "그래 열심히 해봐"라는 말을 건넸을 뿐이다. 그런 일이 있고 나서 녀석의 표정은 몰라보게 달라져 있었다. 반드시 우승을 하고야 말겠다는 열망으로 두 눈이 이글거렸다.

그럼에도 불구하고 그건 자기만의 확신일 뿐 실제로 독서 퀴즈 대회에서 우승한 것은 아니었다. 퀴즈 대회가 있기 며칠 전부터 자신이 얼마나 알고 있는지 점검에 들어갔다. 녀석의 의도는 분명했다. 단순한 자기 확신을 넘어 실제 퀴즈 대회에서 우승할 수 있는 능력이 있는지를 점검하고자 했던 것이다. 친구들이나 선생님을 통해서 점검할 수도 있지만, 그런 방법이 확실치 못할뿐더러, 오히려 오류의 원천이 될 수 있다는 사실을 잘 알고 있었다.

그래서 밖으로 나가기 전에 자신의 능력을 샅샅이 점검했다. 이를 통해 자기 내부에 자신도 알지 못했던, '자신의 능력을 뛰어넘는 능력'이 있다는 걸 확인했다. 수차례 예상문제 풀이를 통해서 엄마가 완전자라는 걸 알았다. 그리고 완전자〔神〕가 자기 내부에 들어와 있음을 확신하게 되었다. 자신의 퀴즈풀이 능력은 완전자인 엄마가 부여해준 것임이 확실해졌다. 그런 엄마가 있기에 퀴즈 대회에서 중도 탈락은 있을 수 없는 일이라고 생각하게 되었다. 그럼에도 불구하고 여전히 공허함을 느꼈다. 퀴즈 대회에서 우승하기 위해서는 그 공허감을 메워야 한다는 걸 알고 있었던 것이다. 그래서 아빠와 형에게 시선을 돌린다.

지성이 명석·판명하게 보여주는 것에 너의 의지를 묶어두어라

자기 안에 있는 신의 존재 증명을 통해서 힘을 얻은 자아에게 데카르트는 이제 자아 밖에 놓인 사물들을 인식할 때 오류에 빠지지 않을 수단을 찾아 항해를 계속하라고 독려한다. 이제 신에 의해 자아의 사유 활동이 공허한 진리의 상태에만 머물지 않게 되었다. 그렇다고 자아가 사물들을 아무렇게나 인식해도 오류가 없다는 건 결코 아니다. 사유 활동을 올바르게 수행하는 것이 중요하다. 우리의 사유 능력은 신으로부터 부여받은 것이기는 하지만 능력이 제한돼 있다. 그렇기에 올바로 사용하지 않을 경우 늘 오류에 빠질 수밖에 없다. 신의 기만성 때문이 아니라, 자아의 제한성 때문에 오류에 빠질 수 있기 때문에 '신이 자아에게 부여한 능력'을 올바르게 사용하는 것이 중요하다.

그리고 이러한 사실에 주목해서 오류가 무엇인지를 검토해보면, 내 안에 있는 인식 능력(지성)과 선택 능력(자유의지)에 근거하고 있음을 알게 된다. 물론 지성과 자유의지는 그 각각에 국한해 보자면 오류를 일으키지 않는다. 문제는 자유의지가 지성이 제시하는 것을 넘어서서 판단을 내리려 하는 데 있다. 즉 인식의 오류는 자아가 의지의 활동을 지성이 인식한 범위 안에 묶어놓지 못하고, 오히려 인식하지도 않은 영역에 의지를 작동시키는 데서 비롯된다는 얘기다.

그래서 데카르트는 말한다. 어떤 것이 참인지를 내가 충분히 명석·판명하게 지각하고 있지 않을 때에는 판단을 보류하는 것이 올바른 행동이며, 그렇게 할 경우 잘못을 범하지 않게 된다는 건 분명하다고. 반면에 의지가 판단을 유보해야 하는 상황에서 긍정하거나 부정한다면, 의지의 자유를 올바로 사용하지 않는 것이라고. 결국 오류에 빠지지 않기 위한 지침을 한마디로 요약하면 다음과 같다.

> 판단을 내릴 때, 지성이 맑고 또렷하게 보여주는 것까지만 의지가 확장되도록 묶어둔다면, 우리가 오류를 범하는 일은 결코 없을 것이다.
>
> —《성찰》, 95쪽

이처럼 지성에게 명석·판명하게 주어지는 것에 국한하여 인식한다면, 전혀 오류를 일으킬 리 없다는 것이 데카르트의 주장이다. 이로써 자아 밖에 놓인 대상들을 오류 없이 인식할 수 있는 길에 한층 더 다가섰다. 그럼에도 불구하고 자아는 여전히 내부 능력에 대한 점검에 몰두한다. 진정으로 자아 밖으로 발걸음을 옮기기 위해서는 조금 더 시간이 필요하다는 말이다.

자아 밖의 사물들을 인식할 때 오류에 빠지지 않게 되는 방법을 검토한 데카르트는 이제 자아 밖에 있는 대상들의 본질이 무엇인가를 검토한다. 그러나 아직도 자아의 사유 속에 있는 '물질적 사물의 관념'을 고찰하는 데 머문다. 그 관념 가운데 무엇이 판명한지를 검토하여, 그것은 연장성이라고 불린다는 사실을 파악해내야 한다.

데카르트에 따르면 이런 연장성은 자아 안에 있는데, 그것의 진리성은 아주 명료하고 자아의 본성과 잘 어울린다. 사물의 본질을 자아 안에 있는 관념(연장성)에서 끌어내 명석·판명함을 도출할 수 있다는 것이다. 이는 마치 삼각형의 내각의 합은 2직각이라는 것을 삼각형이라는 도형 내에서 끌어낼 수 있는 것과 같다. 요컨대 여기서 자아가 검토하는 대상 및 대상의 본질은 순수 수학의 대상과 그 대상의 본질이다. 여기까지 검토하는 것으로 '의심의 항해'의 넷째 날, 다섯 째 날의 항해가 종료된다.

지혜로운 자여, 관념에 갇혀 있지 말고 세상으로 나아가라

'순수 수학의 대상으로서의 사물'의 본성을 자아의 관념으로부터 검토한 뒤, 데카르트는 마침내 순수 수학의 대상 이외의 대상에 대해서도 검토에 들어간다. 그런 대상이란 감각을 통해서 더 잘 인식되는 대상이다. 감각을 고찰해서 그로부터 이러한 대상들의 현존에 대한 확실한 논증을 끌어낼 수 있는지를 살펴보려고 한다.

이러한 고찰 역시 직접 감각적 대상에 대한 고찰로 나아가진 않는다.

우선 내 안에 있는 감각 능력에 대한 고찰부터 시작한다. 즉 데카르트는 나 자신에 대해서뿐만 아니라 물체의 본질에 대해서 명석·판명하게 사유하는 능력을 내 안에 갖고 있으며, 그런 능력 말고도 감각적 사물의 관념을 받아들이고 인식하는 능력도 갖고 있음을 우선 지적한다. 그리고 이 능력에 의한 감각적 파악은 종종 애매모호하기 때문에 물질적 사물이 파악한 대로 현존하진 않을 수 있지만, 그럼에도 불구하고 현존한다고 말할 수 있다고 데카르트는 언급한다.

더 나아가 외부 사물을 믿는 자연스러운 충동이 지성의 명증성에 버금간다는 사실을 인정하게 된다. 이로써 마침내 사유하는 자아가 자기 외부의 대상으로 나아가게 된다. 자아가 관념의 영역을 넘어서 세상으로 나아가는 것이다. 달리 말해서 더 이상 지독한 관념론의 영역에만 머물지 않게 되는 것이다.

그에 따르면 감각적 파악은 자연이 나에게 가르쳐준 것으로 거기에도 어떤 진리가 담겨 있다. 나는 신체적 존재라는 것이다. 즉 나는 고통을 느낄 때 상태가 좋지 않으며, 허기나 갈증을 느낄 때는 음식과 물이 필요한 신체를 갖고 있다는 것이다. 이러한 사실에 어떤 진리가 있음을 의심할 수 없다는 것이다. 데카르트는 이에 덧붙인다.

> 자연적 본성은 바로 이 고통, 허기, 갈증 따위의 감각을 통해, 선원이 배에 승선한 것처럼 내가 단지 내 몸 곁에 있는 것이 아니라, 몸과 하나를 이루고 있다 할 만큼 몸과 더없이 밀접하게 결합되어 있고 이를테면 혼합되어 있다는 것 또한 가르쳐준다. ─《성찰》, 121쪽

또 확실히 나는 내가 서로 다른 색깔, 냄새, 맛, 소리, 열기, 단단함 따위를 감각하고 있다는 사실로부터, 어떤 몸들에서——이 몸들과 상응하나 아마도 닮지는 않았을——저 다양한 지각들이 비롯된다는 정당한 결론에 이른다. 또한 이런 감각적 지각 가운데 어떤 것은 나에게 유쾌하고 어떤 것은 불쾌하다는 사실을 고려할 때, 내 몸이, 아니 오히려 정신과 신체의 합성체로서의 내 전체가 주변에 있는 몸들로부터 다양한 이로움과 해로움을 받을 수 있다는 것은 매우 확실하다.

—《성찰》, 122쪽

물론 이러한 자연은 신체적 존재로서의 나에게 가르침을 주는 자연이지, 감각적 지각으로부터 어떤 지성을 끌어내도록 가르치는 자연은 아니다. 감각적 지각은 허기가 질 때 음식물을 섭취하고 갈증이 날 때 물을 마시는 게 나에게 이롭고 그렇게 하지 않으면 해롭다는 걸 보여주는 한에서는 충분히 명석·판명하다. 그렇지만 그 지각을 물체의 본질을 인식하게 해주는 확실한 규칙으로 간주해서는 안 된다고 데카르트는 지적하고 있다. 결국 신체적 존재로서의 인간은 종종 잘못을 저지르고, 오류에 노출되어 있다는 뜻이다.

그럼에도 불구하고 데카르트는 이러한 고찰을 통해서 중요한 사실을 언급한다. 인간 본성이 빠지기 쉬운 오류를 알게 되었고, 그걸 쉽게 피하고 바로잡을 수도 있게 되었다는 것이다. 그렇기에 감각이 날마다 나에게 보여주는 것이 거짓이 아닐까 걱정할 필요가 없으며, 과장된 의심(꿈과 현실의 혼동에 대한 의심)도 일축해버려야 한다는 것이다.

카스파르 프리드리히, 〈생의 무대〉, 1835

'의심의 항해'를 끝까지 완수한 자아는 오류 가능성을 인정하면서도 심각한 결핍을 느끼거나 과도함에 빠지지 않는 성찰하는 자아이다. 관념이 사물의 정확한 반영이라고 믿는 충동에 빠지지 않는 자아이다. 오류에 빠지지 않으려고 형이상학적 미로를 거쳐온 자아이다. 지혜로운 상식인으로 돌아온 자아이다.

요컨대 자기비하나 과장에 빠지지 않고, 한계 속의 인식을 적절히 구별하여 맥락에 따라 의미를 달리 받아들일 줄 아는 지혜로운 인식이 필요함을 역설하고 있다. 이렇게 해서 지난했던 '의심의 항해'가 종료된다. 항해가 시작된 지 6일째 되던 날에 말이다. 마침내 관념의 세계 혹은 형이상학의 세계에 붙들리지 않고 상식의 세계로 돌아온 것이다.

이렇게 '의심의 항해'를 끝까지 완수한 자아는 오류 가능성을 인정하면서도, 심각한 결핍을 느끼거나 과도함에 빠지지 않는 성찰하는 자아이다. 관념이 사물의 정확한 반영이라고 믿는 충동에 빠지지 않는 자아이다. 오류에 빠지지 않으려고 형이상학적 미로를 거쳐온 자아이다. 지혜로운 상식인으로 돌아온 자아이다. 자신이 아는 것 이상을 의욕하지 않는 자아이다. 최소한의 오류에 만족할 줄 아는 관념론자이다. 물론 그렇다고 명석·판명함을 포기한 자아는 아니다. 이론적 인식과 실천적 인식을 구분할 줄 아는 자아이다. 즉 실천적 인식에서는 자연적 표상을 받아들여야 한다는 것을 아는 자아이다. 자기 존립과 관련해서는 직접적 지각의 표상을 믿어야 한다는 것을 아는 자아이다.

완전자인 엄마가 자기 내부에 있음을 확인했고, 그렇기 때문에 독서 퀴즈 대회에서 우승할 수 있다고 확신했지만, 여전히 공허를 느끼던 둘째는 공허감을 채우기 위해 아빠와 형에게 시선을 돌렸다. 아빠와 형을 대상으로 다시 한 번 자기 점검에 들어간 것이다. 이를 통해 독서 퀴즈의 본질(핵심 개념어)이 무엇인지, 그리고 그 본질을 파악하기 위해서는 어떤 훈련(핵심 개념어들이 명석·판명해질 때까지 멈추지 않는 반복학습)이 필요한지를 알게 되었다. 그렇게 알 수 있는 힘은 근본적으로 완전자인 엄마가 주었다는 사실과 함께.

이런 자기 점검을 마친 둘째는 퀴즈 대회장으로 발걸음을 옮겼다. 이 순간 퀴즈 대회 우승은 떼어놓은 당상처럼 보였다. 그런데 전혀 예상하지 못했던 게 있었다. 자기 점검 과정에서 파악하지 못했던 것 말이다. 자신이 감정을 지닌 존재라는 사실을 작은애는 모르고 있었다. 의도치 않게 다른 친구의 여유만만한 모습을 보면서 흔들리고, 구경하는 친구들이 내뱉는 말에 흔들릴 수도 있다는 점을 미처 생각하지 못했던 것이다.

이번에도 우승을 놓치고 집으로 발걸음을 옮기면서 녀석은 생각했다. 엄마가 불완전해서가 아니라, 자신의 능력이 완전하지 못한 탓이라고. 그리고 비록 우승은 놓쳤지만 소중한 경험을 했다는 것을. 자신이 지성만 지닌 존재가 아니라, 감성도 지닌 존재라는 사실을. 지성이 요구되는 장소에서 감성에 지배되어서는 안 된다는 사실을. 역으로 감성이 동반될 수밖에 없는 데서 지성만 요구해서는 안 된다는 사실을. 그리고 다짐했다. 이제 다시는 쓸데없는 의심과 회의에 빠지지 않아야겠다고, 이제 더는 그럴 필요가 없다고. 이 순간 녀석의 입가엔 자신도 모르는 미소가 번지고 있었다.

데카르트의 의심과 나의 일상은 어떤 관계가 있을까

균형 잡힌 인식을 하면서 살아가려면 데카르트의 의심이 꼭 필요한가? 그렇지는 않을 것이다. 그런 '의심의 항해'를 거치지 않더라도 균형 잡힌 인식을 하며 살아가는 사람들은 얼마든지 있다. 만일 모든 사람에게 꼭 필요하다면야, 누구든 데카르트의 의심을 학습해야 하지 않겠는가? 꼭 맞아야 할 예방주사 맞듯이 말이다. 사실 어떤 면에선 데카르트의 의심에 대해서 좀 살펴봤다고 혹은 고민해봤다고 폼 잡는 사람들이 더 문제일 수도 있다. 데카르트가 말하고자 했던 내용 중 일부만 떼어내, 그것도 독이 될 수도 있는 부분만 떼어내 그게 전부인 양 얘기한다면, 그거야말로 문제 아니겠는가?

그렇다면 데카르트의 '의심의 항해'는 일상인에게 무슨 필요가 있는가? 그 길이 일상인의 사유와는 상당히 멀리 떨어져 있는 것처럼 보이는데 말이다. 이런 물음을 던지는 일상인에게 데카르트는 말한다. 지성의 활동만으로 획득한 관념적 인식이 무가치하지 않다고. 그런 인식이 감각적 경험에서 얻은 인식보다 훨씬 더 유용할 수도 있다고. 그럼에도 불구하고 그런 지성적 인식에만 머물러서는 지혜로운 인식에 이르기는 어렵다고. 감성적·감각적 인식 역시 중요하다고. 현명한 인식을 위해서는 이런 차이를 잘 헤아릴 줄 알아야 한다고. 그래야 우둔함에서 벗어난 '스마트한 상식인'으로 거듭날 수 있다고. 그럼에도 불구하고 우린 균형감을 잃고 너무나 자주 편향된 인식을 하고 있다고. 의심을 위한 의심이나 자폐적 관념의 영역에 빠지곤 한다고.

오랫동안 가계부를 작성해온 아내가 어느 날 지금 같은 살림살이를 하면 노후를 준비하기 쉽지 않다는 말을 건넸다. 깊은 시름 어린 표정으로 말이다. 그런 아내에게 얘기해줬다. 기분 상하지 않게, 최대한 부드럽게 말이다.

노후를 생각하여 저축하면서 살고자 한다면, 그간의 가계지출에 조금도 연연하지 말고 매달 얼마씩 저축해야 하는지 자신에게 분명해질 때까지 셈해보라고. 액수가 분명해지면 그걸 저축 항목에 할당한 뒤, 나머지 수입액을 가능한 최소화한 지출 항목에 각각 얼마씩 할당할지를 셈해보라고. 각 항목에 할당된 금액이 가장 이상적이라는 사실이 자신에게 분명해질 때까지 검토해본 뒤 할당하라고. 이때 가계지출과 관련된 다른 사람 얘기나 언론의 보도 내용에 조금도 좌우되지 말라고. 이 점에서 철저하게 관념적으로 가계부를 짜야 한다고. 그리고 철저하게 그런 가계부에 맞춰 생활하라고.

그렇지 않고 그간의 소비생활을 통해 누렸던 쾌를 유지하고자 하면, 노후를 위해 많은 저축을 하며 살겠다는 생각을 일단 접으라고. 가족들의 감성적·감각적 쾌를 중시한다면, 계획대로 가계비가 지출되지 않았다고 실망하지 말라고. 감성적·감각적 쾌를 중시하면서 계획대로 지출하기를 기대하는 건 적절하지 않다고. 계획에 어긋난 가계비 지출 현황을 기록하는 것도 충분히 의미 있는 작업이라고. 그 기록은 우리 가족의 삶의 궤적을 보여주는 중요한 자료가 될 수 있다고.

이와 아울러 다음과 같은 얘기도 덧붙여주었다. 더 이상 가계부 작성을 하지 않게 되는 날까지 둘 중 하나를 배타적으로 선택하는 게 결코 현명한 가계부 작성일 수는 없을 거라고. 그리고 현재 상황에서 노후생활에 대비해 만족할 만한 저축을 하면서 가족들의 감성적 쾌를 충족시키는 가계부를 작성하려 하거나 정반대 시도를 하는 것 역시 현명하지 못하기는 마찬가지라고. 다행히 그 후 아내는 가계지출과 관련된 푸념을 더는 늘어놓지 않았다.

철학 관련 교양강의를 하다 보면 종종 편향된 태도를 보이는 학생들을 만나게 된다. 철학에 대한 자신만의 그림을 그려놓고선 좀처럼 거기서 벗어나려고 하지 않는 학생들이다. 대략 두 종류로 나뉜다. 철학은 삶에 결코 도움이 못 되는 현학적인 관념의 유희에 불과하다고 생각하는 학생들이 있는가 하면, 다른 어떤 데서도 얻지 못한 만능열쇠가 철학에 놓여 있을 거라고 생각하는 학생들도 많지는 않지만 종종 있다. 사실 철학에 대한 이런 편향된 생각이 강의실에서 만나는 특정 학생들만의 생각은 아닐 게다. 예상외로 넓게 퍼져 있는 생각일 수 있다.

하여간 데카르트는 이런 사람들에게 말한다. 철학에 대한 '의심을 위한 의심'에 빠져 있는 것은 철학에 대한 올바른 생각이 아닐뿐더러 결코 현명한 사람의 모습이 아니라고. 철학을 자폐적 관념의 영역에 두려는 시도 역시 우둔하기는 마찬가지라고.

스마트한 시대라고 일컬어지는 요즈음이야말로 데카르트의 '의심의 항해'에 담긴 메시지에 절실하게 귀 기울여야 할 시간인지 모른다. 표피적 감각에 기초한 인식이 마치 절대적 엄밀성에 기초한 인식인 양 부풀려지기 일쑤일 뿐만 아니라, 관념적이라고 비난받더라도 철저하게 엄밀해야 할 필요가 있는 것들이 표피적 감각성에 휘둘리는 사태 또한 적지 않기 때문이다.

그래서 데카르트는 권유하는지 모른다. 자신과 함께 지독한 사유실험의 훈련장으로 떠나보자고. 그 실험을 견뎌내고 건전한 상식인을 넘어 지혜로운 상식인으로 거듭나보자고. 그 사고실험을 좇아가서 견뎌내는 것이야말로 스마트 시대에 스마트한 인식을 하며 살아가는 첫걸음일 수 있다고. 오늘날은 자신의 시대와 비교할 수 없을 정도로 복잡해졌고, 자신이 제시하는 엄밀한 인식의 기준에 동의하기 어려운 면이 있는 것처럼 보이더라도 말이다.

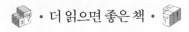

케빈 오도넬, 《30분에 읽는 데카르트》, 이영아 옮김(랜덤하우스코리아, 2005)

혼돈(중세 세계관의 급격한 몰락)과 갈등(구교와 신교 간의 피비린내 나는 싸움)의 시대를 살면서 이성에 기초해 합리적이고 과학적인 세계관의 확고한 틀을 제시하려 했던 데카르트의 철학을 쉽게 설명한 책이다. 본문에 등장하는 주요 개념들을 형식을 달리해 알기 쉽게 설명해준다. 그러나 명석·판명함 같은 주요 개념에 대해서는 별도의 설명이 없으며, '나는 생각한다 그러므로 나는 존재한다 cogito ergo sum' 같은 주요한 명제를 충분하게 설명하지 못한 아쉬움이 있다. 그럼에도 불구하고 일반 독자가 데카르트 철학의 문제점과 현재적 의의를 포함해 그의 철학 전반을 빠른 시간에 파악하는 데는 도움이 될 수 있는 책이다.

박민아, 《뉴턴 & 데카르트 ─ 거인의 어깨에 올라선 거인》(김영사, 2006)

대륙의 합리론 철학자로만 알려진 데카르트를 재미있고 기발한 자연철학자이자 과학자로 소개하고, 아울러 데카르트의 그런 면모를 뉴턴과 대비해 풀어낸 흥미로운 책이다. 저자는 뉴턴을 데카르트의 세계관을 이어받아 과학혁명을 완성한 인물로 묘사한다. 뉴턴이 뛰어난 자연철학자인 데카르트라는 거인을 밟고 올라선 거인이라는 것이다. 이 책이 데카르트 철학을 폭넓게 이해하는 데 흥미로운 내용을 제공하고 있는 것은 분명하지만, 데카르트가 과학만큼이나 상식을 중요하게 여겼다는 점을 부각시키지는 못한 아쉬움이 있다.

르네 데카르트,《방법서설 · 정신지도를 위한 규칙들》, 이현복 옮김(문예출판사, 1997)

〈성찰〉과 함께 데카르트 철학의 핵심을 담고 있는 것으로 알려진 〈방법서설〉 (원 제목은 '이성을 잘 인도하고 학문들에서 진리를 탐구하기 위한 방법서설')과 〈정신 지도를 위한 규칙들〉을 한데 묶은 책이다. 이 책을 읽음으로써, 누구에게나 주어진 이성을 잘 사용할 수 있는 방법의 중요성을 강조한 데카르트 철학의 핵심에 한발 더 다가설 수 있을 것이다. 아울러 '나는 생각한다 그러므로 나는 존재한다'라는 명제의 핵심 의미를 잘 파악할 수 있을 것이다.

이상의 책을 읽고 난 후 여전히 데카르트 철학에 갈증을 느끼는 독자라면 《성찰》(이현복 옮김, 문예출판사, 1997 ; 양진호 옮김, 책세상, 2011. 이현복 번역본에는 〈자연의 빛에 의한 진리 탐구〉와 〈프로그램에 대한 주석〉이 함께 실려 있다)에 도전해보면 좋겠다. 두 책에 실린 해제들은 데카르트 철학을 좀 더 깊이 있게 이해하는 데 큰 도움을 줄 것이다.

6장

몸짱이 되고 싶은가

아도르노의 행복의 약속promesse de bonheur,
'노동하는 자기 모습을 아로새기라'

A·d·o·r·n·o

테오도어 아도르노 Theodor Ludwig Wiesengrund Adorno(1903~69)
독일의 철학자, 사회학자, 피아니스트, 음악평론가. 막스 호르크하이머 등과 함께 프랑크푸르트사회
연구소를 설립했으며 이른바 비판이론을 일구어냈다. 프랑크푸르트학파로 불린 이 연구소의 구성원에
는 발터 벤야민, 헤르베르트 마르쿠제, 위르겐 하버마스 등이 포함되어 있다. 그는 사회학은 물론 심리
학, 음악학 등 다양한 방면에 조예가 깊었으며, 계몽에 담긴 자기 배반의 측면을 예리하게 포착해 서구
사회의 합리화 과정에 수반된 어두운 측면을 날카롭게 파헤쳤다.

A·d·o·r·n·o

'보기 좋은 떡이 맛도 좋다'는
말을 경계하라

몸에 대한 얘기들이 차고 넘쳐난다. 때와 장소를 가리지 않고 몸 얘기를 하고 몸을 탐닉하는 세태를 우리는 목격하고 있다. 비단 연예인들과 관련된 담론 영역에 국한된 얘기가 아니다. 학문 영역에서도 마찬가지다. 그 이유가 뭘까? 한마디로 잘라 말하기는 쉽지 않다. 일단 과거에 몸을 전반적으로 폄하했던 점을 간과할 수 없다. 정말 멍청한 사람이 아닌이상 몸의 소중함을 모를 사람은 세상에 아무도 없다. 과거에도 그랬다. 이를테면 30~40년 전에도 체력은 국력이라는 말이 늘 강조되었다. 그럼에도 과거에는 근본적으로 몸보다는 정신이 우선이었다. 어떤 면에서는 몸을 배제한 채 혹은 몸을 그저 수단시하면서 정신에서 인간의 참모습을 설명하려고 했다. '문제는 정신력이다'라는 말을 시도 때도 없이 얼마나 많이 들먹였던가. 철학도 이에 일조했다. 아니 큰 기여를 했다. 그런데 그런 풍조가 인간소외로 귀결된다는 사실이 분명해졌다. 달리 말하자면 인간은 어쩔 수 없이 자연에서 자연과 함께 살아갈 수밖에 없는 존재라는 사실이 새삼스럽게 분명해졌다. 요컨대 몸을 폄하하고 천시했던 과거의 태도에 대한 반성으로부터 오늘날 몸에 대한 관심이 고조되었다는 점을 부정할 수 없다.

그러나 곰곰이 생각해보자. 이른바 식스팩 복근과 S라인 몸매에 너나 할 것 없이 관심을 집중하는 현상이 과연 그 때문일까? 대학생의 95퍼센트가량이 외모에 콤플렉스를 느끼고(2011년 기준), 그중 대다수가 몸매나 몸무게에 열등감을 느끼는 현상이 과연 그 때문인지 말이다.

같은 값이면 다홍치마지, 뭘 그렇게 따지냐고? 보기 좋은 떡이 맛도 좋다고? 맞는 말이다. 게다가 건강하고도 직결되어 있다고 하지 않는가. 그런데 '같은 값이면 다홍치마'라는 말은 은연중, 아니 공공연히 다홍치마가 아니면 안 된다는 말로 둔갑한다. 또 그렇게 둔갑하는 순간 그 말은 종종 폭력이, 그것도 상흔도 남기지 않는 폭력이 되어 우리를 멍들게 한다. '보기 좋은 떡이 맛도 좋다'는 말이 '인지상정이라는 혈로'를 타고 흘러 세상 구석구석에 퍼져 사람들을 피멍 들게 한다는 얘기다.

도대체 왜 이런 일이 벌어지는가. 이와 관련하여 반드시 지적하고 넘어가야 할 요소가 바로 문화자본이다. 자본의 힘을 배제하고 이러한 사태 운운하는 것은 문제의 핵심을 비켜 가는 거라는 비난을 면하기 어렵다.

오늘날 일고 있는 '몸에 대한 일종의 광풍'의 배후에는 분명 문화자본이 자리잡고 있다. 그러한 문화자본의 힘은 막강하다. 일종의 트랜스

포머 같다. 어떤 저항 세력을 만나도 꿈쩍하지 않는다. 어떤 면에서는 저항 세력마저 집어삼켜 자신의 일부로 만들어버리는 것처럼 느껴진다. 문제는 문화자본이 조장하는 현상, 즉 '몸짱' 열풍으로 요약되는 현상에 인간소외의 그늘이 짙게 드리워져 있다는 점이다. 일찍이 이 점을 냉철한 눈으로 신랄하게 비판한 철학자가 아도르노Theodor Wiesengrund Adorno이다.

아도르노가 몸을 폄하하고 정신의 회복을 주장하는 것은 결코 아니다. 오히려 반대 주장을 하고 있다. 그는 정신으로 환원되지 않는 몸이야 말로 인간 행복의 출발점이라고 본다. 이 점에서 전통적인 관념론 철학을 가차 없이 비판한다. 그렇지만 이른바 후기자본주의 사회가 조장하는 몸 혹은 그러한 몸과 관련된 현상도 마찬가지로 가차 없이 비판한다.

그에 따르면 후기자본주의 사회의 문화자본이 조장하는 몸은 겉에 사카린을 잔뜩 바른 사탕과 같다. 게다가 이런 사태가 일회적인 현상이 아니고 인간에게 주어진 '주홍 글씨'와도 같은 거란다. 태곳적부터 그런 조짐이 있었으며, 현대에 이르러 첨예한 형태로 전개되었을 뿐이라는 말이다.

그렇다면 이 굴레에서 정녕 벗어날 수 없다는 말인가? 아도르노에 따르면, 몸짱 열풍의 기만에 현혹되지 않고 현재 삶의 조건에서 노동하는 자신의 모습이 아로새겨진 몸을 직시하는 것이 행복한 삶을 향해 나아가는 출발점이다. 자 이쯤 되면 몸 그리고 문화자본에 대한 아도르노의 이야기보따리를 풀어헤쳐 볼 만하지 않은가?

아이돌 기획사가
신화시대에도 존재했다고?

대한민국은 이른바 아이돌 그룹의 천하처럼 보인다. 적어도 대중음악 분야에서는 그렇다. 그들의 인기는 더 이상 국내에 국한되지 않는다. 그에 상응해서 영향력도 폭발적으로 확대되고 있다고 해도 지나치지 않다. 그런 아이돌 그룹을 체계적으로 육성하는 기획사가 한국과 일본 말고는 전 세계 어디에도 없다고들 한다. 적어도 현재는 그렇다고 한다.

그런데 정말 그럴까? 만일 누군가 그런 기획사는 이미 선사시대에도 존재했다고 말한다면, 사람들은 뭐라고 할까? 말이 되는 소리인가? 박장대소할 말일지도 모르겠다. 그런데 아도르노에 따르면, 그렇지가 않다. 선사시대에 이미 그 싹이 움트고 있었다. 물론 아도르노가 명시적으로 이런 말을 하지는 않았다. 그의 주장에 근거해서 추론해보면 충분히 그렇게 말할 수 있다는 얘기다. 도대체 그는 무슨 말을 했고 그 속에 담긴 진정한 의미는 무엇인가? 흥미롭게 보지 않을 수 없다. 게다가 이러한 내용은 이른바 '몸짱' 열풍에 대한 아도르노적 해부와 떼어놓고 생각할 수 없기 때문에 더욱 그렇다. 이를 파헤쳐보기 위해서 그가 호르크하이머와 함께 쓴 《계몽의 변증법》을 살펴보자.

아도르노는 이 책에서, 합리성을 추구하는 우리의 삶이 점점 더 수치평가에 얽매이게 되고, 그럴수록 합리성을 추구했던 애초의 의도에 정면으로 배치되는 상황으로 빠져드는 일이 왜 벌어지는가를 묻는다. 그에 따르면 인간은 자연의 위협으로부터 벗어나 안정적으로 자기보존을 하기 위해서 합리적으로 사유하게 되는데, 그러한 사유의 절정에 도달하면 모든 것을 수치로 평가하는 데 익숙해진다. 그런데 바로 이때 인간 스스로 자기 자신을 단순한 객체로 취급하는 사태(인간소외)가 초래된다. 이러한 주장은 상식적인 입장에서 보자면 충격적이다. 게다가 통상 합리적 사유 이전의 사건이라고 생각하는 신화 속에 이미 그런 싹이 내재되어 있다고 아도르노는 말한다. 정말 놀라운 주장이 아닐 수 없다.

아도르노에 따르면, 인간은 먼 옛날 자연을 두려움과 공경의 대상으로 여겼다. 천둥 번개 치는 자연은 늘 두려움의 대상이었다. 인간은 두려움에서 벗어나기 위해서 늘 자연을 공경할 수밖에 없었다. 즉 가시적인 자연에 비가시적인 초자연적인 힘을 투사해 자기보존을 꾀했다. 이를테면 큰 바위에 영적인 힘이 있다고 믿으며, 그 바위에 무병장수할 수 있게 해달라고 빌었던 것이다. 인간이 자연을 합리적으로 파악할 수 있기 전까지 자기보존을 위해서 자연을 숭배한 것은 불가피한 일이었다.

그러나 시간이 지나면서 관찰과 경험을 통해 자연에서 어떤 규칙들을 찾아내고 그에 입각해서 자연현상을 하나둘 파악할 수 있게 되면서, 인간은 더 이상 자연을 두려움과 공경의 대상으로 간주하지 않게 된다. 인간은 규칙에 입각해서 자연을 점점 더 체계적이고 통일적으로 일목요연하게 파악한다. 그럴수록 자연은 이제 잘 활용하기만 하면 인간에게 이익과 편리를 제공해주는 일종의 보물창고가 된다. 즉 인간의 보존을 위한 수단으로 전락하게 된 것이다. 이를테면 자연이란 어느 지역 어느 곳에 매장되어 있어서 우리가 필요하면 언제든지 가져다 쓸 수 있는 철, 금, 텅스텐, 석탄 등의 전체량이나 다름없다는 것이다. 이렇게 이해된 자연은 인간 생활에 필요한 질료 덩어리 이상도 이하도 아니다. 그것도 체계적이고 통일적으로 일목요연하게 파악된 질료 덩어리이다.

아도르노는 자연을 이렇게 양적인 것으로 환원하여 파악해가는 과정이 합리화 과정이라고 말한다. 그리고 이는 인간의 자기 보존을 위한 불가피한 과정이라고 본다. 그런데 문제는 이것이 합리적 사유를 통해 자연을 수단시하고 지배하는 과정을 의미한다는 데 있다. 즉 합리화 과정은 자연이 주체에 의해 주체의 수단으로 전락해가는 과정이라는 것이다. 사실 자연 사물들은 인간의 삶을 위한 수단으로 환원할 수 없는 고유성을 지니고 있는 존재들이다. 그러니까 주체로 동질화할 수 없는 것들(비동일적인 것들)이다. 이를테면 태백산과 지리산은 서로 교환되거나 대체될 수 없는 고유성을 지니고 있다. 그럼에도 불구하고 태백산 혹은 지리산의 가치를 거기에 매장된 철, 금, 텅스텐의 총량으로 이해하는 순간, 그 산들은 인간의 삶을 위해 언제든 다른 것으로 대체할 수 있는 수단으로 전락한다.

합리화 과정에 숨겨진 인간소외의 그림자

게다가 이러한 합리화 과정은 인간이 자연을 수단시하는 데 그치지 않는다. 즉 인간에 의한 인간의 수단화, 더 나아가 인간 스스로 자기 자신을 수단시하는 데까지 이르게 된다고 아도르노는 주장한다. 합리적 사유가 절정에 달한 후기자본주의 단계에 이르러서는 거의 모든 것(자연 사물이나 다른 사람의 가치는 물론이고, 자기 자신의 가치마저도)이 양으로, 숫자로 환원되어 평가된다는 얘기다.

삶을 평가하는 잣대는 여러 가지다. 이런 사실을 다들 잘 알고 있다. 그럼에도 불구하고 숫자라는 획일화된 잣대로 삶을 평가하는 데 우린 점점 익숙해져가고 있다. 이를테면 연봉으로 사람을 평가하는 것이다. 프로스포츠에 종사하는 운동선수들을 평가하는 경우엔 심지어 몸값이라는 표현으로 그 사람의 가치를 평가하곤 한다. 그들 자신도 몸값이라는 표현에 조금도 거부감을 느끼지 않는 듯하다. 인간이 시장에서 사고 파는 물건과 다르지 않게 된 것이다. 모두들 각자가 자기 자신을 그렇게 간주하는 데 조금도 거리낌이 없다. 사실 섬뜩한 얘기이다.

어디 이뿐이겠는가? 어느 때부턴가 우리는 행복을 수치로 나타낼 수 있다는 주장에 조금도 불편함을 느끼지 않는 것 같다. 윤리지수, 청렴지수 등등, 마치 모든 것을 수치화할 기세다. 물론 자연을, 세상을, 인간을, 자기 자신을 이렇게 파악하면 명쾌해 보이기는 한다. 즉 어떤 사태이든 일목요연하게 통일적으로 파악된다.

그런데 이렇게 삶을, 자연을, 인간을 정량화한다는 것은 평가 주체에 의해서 평가 대상이 언제든 다른 것으로 대체될 수 있다는 사실(주체의 지배를 위한 단순한 도구로 전락할 수 있다는 사실)을 함축한다. 연봉 1억 원 받는 사람은 연봉 5000만 원 받는 두 사람의 몫을 살고 있는 것으로 간주된다는 얘기다. 즉 연봉 5000만 원 받는 사람 둘은 연봉 1억 원 받는 한 사람에 의해 대체될 수 있다. 마치 500원 하는 과자 두 봉지를 1000원

찰리 채플린, 〈모던 타임스〉, 1936
인간이 단순한 객체로 대상화될 때, 본래 모습을 잃고 마치 기계 부품처럼 취급된다.

하는 다른 과자로 바꿀 수 있다고 생각하는 것과 마찬가지로. 달리 말해서 연봉 5000만 원을 받는 사람들은 전혀 다른 삶을 살더라도 전부 동일한 존재로 간주된다. 이렇게 되면, 각자의 삶의 고유성이 상실되고, 다른 것에 의해 언제든 환원될 수 있는 단순한 객체로 전락하게 된다. 숫자로 환원되는 것이 자연이든 사람이든 상관없이 타자 전체는 단순한 객체로 전락하게 된다. 물론 바보가 아닌 이상 자연을, 인간을, 자기 자신을 그렇게만 여기진 않는다. 중요한 건 그렇게 파악하기 시작하면 그런 과정이 걷잡을 수 없이 빠르고 광범위하게 진행된다는 점이다.

지금의 우리가 너나 할 것 없이 얼마나 이런 수치평가에 얽매인 채 살아가고 있는지를 잘 보여주는 일화가 있다. 수년 전 인기 드라마 작가가

암에 걸려 병원에 입원했을 때의 일이다. 담당 PD가 병문안을 가서 물어 보았다. 병마와 싸우느라 고생이 말이 아니겠다고. 그러자 작가는 암세 포보다 자기를 더 힘들게 하는 게 있다고 했단다. 바로 시청률이었다. 아 도르노가 말하고 있듯이, 숫자가 오늘날 삶의 경전이 되어가고 있는 것 이다. 정말 씁쓸하지만 인정하지 않을 수 없는 우리의 자화상이다.

신화시대의
아이돌 기획사

이런 현상은 분명 근자에 들어서 나타났다. 단순한 사물뿐만 아니라, 자연을, 인간을, 삶을 숫자로 환원해 파악하는 것은 적어도 근대 이후에 나 벌어진 사태이다. 그런데 아도르노에 따르면, 근본적인 측면에서 볼 때 이런 현상은 근대 이후가 아니라, 인간의 역사가 시작되는 순간부터 이미 싹텄다. 즉 이른바 신화 단계부터 그랬다는 얘기다. 이 점에서 신화 는 이미 근대화된 삶을 응축하고 있다고 그는 말한다. 어떻게 이렇게 말 할 수 있는가?

근대 이후의 관점에서 보자면 엉성하다고 말할 수 있지만, 여하튼 신 화는 어떤 사태에 대한 주체의 체계적 보고報告이기 때문이다. 이를테면 단군신화가 오늘 우리의 관점에서 보자면 엉성하기 짝이 없겠지만, 여 하튼 어떤 사태에 대한 주체의 체계적인 언급이라는 얘기다. 주체의 그 러한 보고 속에는 합리적 요소가 스며들어 있다. 즉 어떤 사태의 체계적인 보고 속에는 주체에 의해서 타자가 객체화되고 수단화되는 과정이 담겨 있다는 말이다. 비록 그것이 오늘날의 관점에서는 엉성해 보이더라도 말이다. 이처럼 아도르노에 따르면 신화 속에 이미 합리화 과정에서 첨예화되는 타자의 수단화 혹은 타자의 억압과 지배라는 요소가 배태되어 있다.

아도르노는, 호메로스의 《오디세이아》에서 오디세우스가 사이렌의 유혹에서 벗어나 자기보존에 성공하는 과정에 대한 서술은 이 점을 잘 보여주는 대표적인 사례라고 본다. 오디세우스는 사이렌의 유혹을 벗어나는 과정(이 과정이 자연 지배의 과정이다)에서, 노 젓는 사람(타인)의 귀를 밀랍으로 막고(타인의 억압), 돛대에 자기 자신을 묶음으로써(자신의 자연적 본성의 억압), 자기보존과 자기 정체성을 완수한다. 이때 자신의 자연적 본성을 포함한 타자는 단순한 객체로 그리고 수단으로 전락한다.

요컨대 아도르노에 의하면 신화와 합리화는 근본적인 측면에서 다르지 않다. 주체에 의한 타자(자연이든, 다른 사람이든, 혹은 자신의 자연적 본성이든)의 억압과 지배라는 측면을 함축하고 있다는 점에서 양자는 동일하다는 얘기다. 합리화와 거리가 먼 것처럼 보이는 신화에서도 타자(자연, 타인, 자신의 본성)는 주체의 목적을 위한 수단 혹은 단순한 객체로 전락한다. 다시 말해 주체와 질적으로 다른 타자(자연, 타인, 자신의 본성)가 주체의 목적 실현을 위한 수단으로 전락해서 결국 주체와 동일한 것이 돼버린 것이다. 서로 동일하지 않은 대상이 주체에 의해 동일한 것으로 바뀌는데, 이것을 아도르노는 동일성 사유라고 일컫는다. 신화에서 이미 동일성 사유(혹은 동일성 논리)가 관철되고 있다는 것이다.

'문화산업의 연예기획사'가 신화 속에서도 이미 등장했다고 말할 수 있는 근거가 여기에 있다. 물론 아무런 차이가 없다는 것은 결코 아니다. 동일성 사유가 관철되는 정도에서 신화와 문화산업 간에는 간과할 수 없는 차이가 분명히 존재한다. 신화시대에도 동일성 사유가 관철되고 있었지만 일상화되지는 않았다. 달리 말해 그때는 자연이, 타인이, 자신의 자연적 본성이 단순한 객체로 전락하는 일은 대단히 드물었다는 것이다.

이에 반해서 오늘날에는 동일성 논리가 삶의 구석구석에서 관철되고 있다. 그 중심에 있는 것은 인간 주체가 아니라, 모든 것에 동일성의 논리를 관철하는 주체로서의 문화자본이다. 문화자본은 삶의 모든 것(자연사물은 물론이고 인간의 고유한 가치마저)을 시장에서 교환할 수 있는 상품으로 만들어버림으로써, 결국 모든 대상을 동일한 것들(화폐가치)로 환원해버린다고 해도 지나치지 않다. 이러한 정도의 차이가 분명히 존재한다. 그럼에도 불구하고 아도르노는 신화든 문화산업이든 거기에는 동일성 논리가 관철되고 있다는 점에서 본질적으로 다르지 않다고 말한다. 얼핏 생각하는 것과는 전혀 다른 정말 놀라운 얘기다.

더욱 흥미로운 사실은 이른바 근대화 이후의 합리화된 삶은 점점 더 신화적인 삶, 즉 비합리적인 삶으로 빨려 들어간다는 아도르노의 지적이다. 신화가 합리화를 이미 담고 있을 뿐만 아니라, 합리화는 신화로 돌아가고 있다는 얘기다. 이건 또 무슨 얘기인가? 기본적으로 신화에는 신격화된 내용이 담겨 있다. 신화는 그런 내용에 대한 절대적이고 맹목적인 믿음에 기초한다. 그런 믿음을 제거하는 순간 신화는 존립 근거를 상실한다. 신화의 이런 의미는 '신화적'이라는 일상어 속에도 스며들어 있다. 우린 종종 어떤 사람을 두고, '그 사람 이쪽 분야에선 신화적 존재야'라고 말한다. 다른 사람과 비교 불가능한 절대적인 존재라는 뜻이다. 이런 한에서 그 사람에 대한 믿음은 맹목적이라 할 수 있다.

오늘날 어떤 사태를 수치로 평가하는 흐름을 살펴보자. 수치 평가가 절대화되는 데 반해서, 그렇지 않은 것은 뭔가 의심스러운 것으로 간주된다. 오늘날 수치 평가 자체를 맹목적으로 받아들인다는 말이다. 시청률에서 우위를 점했다, 여론조사에서 수치상 우위를 점했다면 그것은 거의 절대적 의미를 지닌다. 그런 수치상의 우위에 의문을 제기하는 행위는 사실상 용납될 수 없는 일이다. 그래서 아도르노는 신화가 이미 합리화를 담고 있듯이, 합리화는 매 단계 신화 속으로 더욱더 깊이 빠져 들어간다고 한다. 아이돌 연예기획사가 이미 선사시대에 존재했다고 말할 수 있는 또 다른 근거이다.

문화산업과
파시즘의 결탁

문화산업과 파시즘이 한통속이라고 한다면, 보통 사람들은 기겁할지도 모른다. 십중팔구 그게 말이나 되는 얘기냐면서 펄쩍펄쩍 뛸 것이다. 적어도 표면적으로는 달라도 너무 다르기 때문이다. 아무런 설명 없이 그런 주장을 하면 제정신이 아니란 소리 듣기 딱 좋다. 욕먹기 십상이라는 말이다.

겉으로 보아 큰 차이가 있음에도 불구하고 문화산업이 파시즘과 한통속이라고 말할 수 있는 근거는 어디에 있는가? 거두절미하고 말하자면, 문화산업 역시 자기와 다른 건 철저히 배제하려 든다는 사실에 있다. 이른바 동일성 논리를 관철하는 데 방해가 되는 요소가 등장할 경우, 가차 없이 배제해버리는 점에서 그 둘은 닮았다.

문화산업은 문화(그것이 노래든 춤이든 혹은 그 밖의 또 다른 무엇이든)를 상품으로 만들어 시장에서 교환함으로써, 더 많은 화폐가치를 얻어내려고 한다. 이게 문화산업의 근간이다. 사실 고유성을 담고 있는 문화는 기본적으로 다른 것으로 교환되거나 대체될 수 없다. 이를테면 어떤 지방에서 오랫동안 전승되어온 노동요가 다른 지방의 노동요로 교환되거나 대체될 수는 없다. 그러나 문화가 문화산업에 의해 시장에서 교환되는 순간 서로 다른 문화는 이른바 화폐가치로 동일화된다. 그러한 동일화는 문화가 화폐로 대체될 수 있음을 의미한다. 문화산업은 매 순간 이런 동일화를 통해 문화를 더 많은 화폐로 대체하며, 이에 방해되는 것을 용납하지 않는다. 결국 문화 혹은 문화의 담지자는 더 많은 화폐가치로 대체하기 위한 수단 혹은 객체로 전락하기 십상이다.

한국의 아이돌 연예기획사의 경우를 보자. 기획사는 구름처럼 모여드는 연습생들을 몇 년 이상 혹독하게 훈련시켜 극히 일부를 시장에서 잘 팔릴 수 있는 문화상품으로 만들어낸다. 대중은 그 상품을 구매하여 문화적 쾌를 향유한다. 어디 그뿐인가? 그 상품은 이른바 한류를 확산시키는 데 지대한 역할을 하기도 한다. 이 점을 불필요하게 폄하할 이유는 없다. 그러나 문화적 쾌를 향유하게 하고, 한류를 확산시키는 것 자체가 기획사의 존립 근거는 아니다. 그들의 근본 목적은 어디까지나 더 많은 화폐가치를 획득하는 것이다. 아이돌 그룹 혹은 그룹 내의 개개인은 시장에서 일정한 양의 화폐로 교환될 수 있는 상품이다. 이 점에서 연예기획사는 철저하다. 더 많은 화폐로 교환될 수 없게 되었을 때, 즉 더 이상 상품가치를 지니지 못하게 되었을 때, 아이돌 그룹 A는 그룹 A′에 의해서 언제든 대체된다. 또 그룹 A 내의 멤버 a는 더 많은 화폐가치를 만들어내는 데 장애가 될 경우 언제든 a′로 대체된다. 이때 a는 단순한 객체 이상이 아니라는 사실이 첨예하게 드러난다. 심심치 않게 불거지는 그룹 내 구성원들 간의 불화와 이로 인한 구성원 교체는 이를 잘 대변해준다.

　스티븐 스필버그 감독의 영화 〈쉰들러 리스트〉에 나오는 한 장면이다. 꽤 오래전에 본 영화라 그 장면의 전후 맥락이 정확하게 기억이 나지는 않는다. 집무실 장면이었는지 침실 장면이었는지도 정확하지 않다. 여하튼 영화를 보면 실내의 어떤 독일군 장교가 창문 너머로 보이는 유대인을 향해 아무런 이유 없이 총을 쏘는 장면이 나온다. 그 장교는 총구를 왼쪽에 있는 유대인에게 조준했다가 다시 방향을 바꿔 오른쪽에 있는 유대인에게 조준하기도 하고, 앞쪽에 있는 유대인에게 조준했다가 먼 쪽에 있는 유대인에게 조준하기도 한다. 그때마다 카메라는 총구에 조준된 유대인의 모습을 보여준다. 독일군 장교는 아무런 까닭 없이 그렇게 한다. 그렇게 하기를 수차례 반복하다 어느 순간 방아쇠를 당긴다. 그러면 유대인이라는 이유만으로, 다시 말해서 나치와 동일화될 수 없다는 이유만으로 한 생명이 스러져간다. 물론 그 유대인은 독일군 장교가 자신을 겨냥해 총을 쏘려고 한다는 사실을 전혀 모르다가 최후를 맞이하게 된다. 인간이 단순한 객체로 전락하는 상황을 이보다 더 첨예하게 보여주는 예가 또 있을까? 영화 속의 독일군 장교는 깊은 산중의 포수가 기분 내키는 대로 야생동물에게 발포하는 장면을 연상시킨다. 포수의 총구에 조준된 야생동물이 언제든 다른 것으로 대체될 수 있는 철저한 객체에 불과하듯이, 독일군 장교의 총구에 노출된 유대인 역시 언제든 다른 사람으로 대체될 수 있는 객체에 불과하다.

표면상 전혀 다른 것처럼 보이는 문화산업과 파시즘은 철두철미하게 동일성 논리를 관철시키려 한다는 점에서 이처럼 서로 맞닿아 있다. 달리 말하자면, 나치가 조장했던 획일화된 문화를 비판했던 사람이 그 문화에 열광했던 나치 동조자의 가혹한 보복에 시달렸던 일과 문화자본이 만든 특정 문화상품을 비판한 사람이 그 상품에 열광하는 수많은 추종자들에 의해서 집단 매도를 당하는 것은 닮은꼴이라는 얘기다. 물론 이런 현상은 삶의 거의 모든 영역에서 확인된다. 이를테면 최근 우리 사회에서 새삼 심각하게 부각되고 있는 학교 내 혹은 직장 내 왕따 현상이 그렇다. 그래서 아도르노는 아우슈비츠는 절대적 통합이고, 사람들이 획일화되는 곳에는 어디든지 등장한다고 말하고 있다. 그럼에도 불구하고 문화산업에 의해 야기되는 사태는 오늘날 가장 광범위하고 가장 일상화돼 있어 더욱 심각하다.

문화자본이 조장하는 몸은
인간소외의 가장 첨예한 모습이다

아도르노에 따르면, 몸은 정신으로 환원되지 않는 물질적인 것이다. 본능적이고 감각적인 것이다. 그렇다고 아도르노가 몸을 중요하지 않다고 보는 건 결코 아니다. 오히려 본능적이고 감각적이라고 해서 몸을 폄하했던 과거의 철학을 신랄하게 비판한다. 그 이유는 무엇인가? 감각적이고 본능적인 삶 이상의 삶이란 사실상 의미가 없다고 보기 때문인가? 그렇지는 않다. 아도르노는 일관되게 이른바 동일성 사유(모든 것을 화폐가치로 환원해 파악하는 사유)로 환원되지 않은 비동일적인 것(이를테면 화폐가치로 환원되지 않는 각자의 고유성)을 옹호한다. 그리고 몸이야말로 비동일적인 것이 가장 확실하게 확인되는 곳이라고 본다. 아도르노가 몸을 폄하했던 전통철학을 비판하고, 몸을 옹호하려 했던 일차적 이유는 여기에 있다.

그러나 개인의 고유성은 정신에 있는 것이 아닌가? 혹 이런 물음을 던지는 사람이 있을지도 모르겠다. 나는 이렇게 말해주고 싶다. 자신의 지문을 보라고. 자신과 똑같은 지문을 가진 사람이 이 세상에 또 있는가? 그런 지문만큼 자신의 고유성을 확인시켜줄 수 있는 것을 정신에서 찾을 수 있는가? 이처럼 몸은 각자의 고유성이 담긴 개성의 확실한 담지체이다.

그런데 그동안 몸은 어떻게 여겨져왔는가? 기본적으로 폄훼되어왔다. 악으로 간주되어왔다고 해도 지나치지 않다. 과거의 역사가 이를 말해준다. 아도르노는 서양의 역사가 그랬다고 말하지만, 사실 동양도 다르지 않다. 물론 그렇다고 해서 몸이 악으로만 간주되었다는 것은 아니다. 인간이 자연적 존재인 한에서 그럴 수는 없다. 그렇기에 몸은 그동안 애증의 대상으로 여겨져왔다고 할 수 있다. 인간 몸에 대한 이중성이 뿌리 깊게 존재해왔다는 얘기다. 한편으로 경원시되면서, 다른 한편으로 끊임없이 갈구되어왔다. 한편으로는 대기업을 마치 악의 축인 양 여기면서도, 다른 한편으로는 끊임없이 대기업 제품만을 구매하는 우리의 이중적 태도처럼 말이다.

이런 현상은 오늘날에는 완전히 사라진 것처럼 보인다. 때와 장소를 가리지 않고 이구동성으로 거침없이 육체적 욕망을 긍정하고 있기 때문이다. 텔레비전에서, 신문에서, 인터넷에서, 심지어는 학술지에서도 육체적 욕망을 터부시하는 태도에 대한 비판이 마구 쏟아지고 있다. 몸이 이 시대 유일의 화두라 해도 지나치지 않아 보인다.

그런데 아도르노의 진단에 의거해서 보자면, 삶이 동일성 논리(이를테면 화폐가치의 논리)에 구속됨으로써, 인간이 단순한 객체 이상의 의미를 지니지 못하는 것으로 전락하는 현상(이를 물화物化현상이라고 부른다)은 '몸'을 둘러싸고 가장 극명한 형태로 전개된다. 문화산업이 퍼뜨리는 몸이 인간소외의 가장 첨예한 모습을 담고 있다는 것이다. 아도르노가 이런 말을 명시적으로 하고 있지는 않다. 그럼에도 불구하고 아도르노의 논의를 들여다보면 그가 몸의 물화현상을 대단히 심각하면서도 중요하게 인식하고 있음을 알 수 있다.

앞서도 언급했듯이 몸은 '다른 무엇으로도 환원되지 않는 각자의 개성'이 고유성을 드러낼 수 있도록 해주는 근간이다. 동일성 논리로 환원되지 않는 각자의 고유성이 분명히 확인되는 데가 바로 몸이다. 이를테면 얼굴 표정을 통해서 혹은 손짓 발짓을 통해서 말이다. 이렇게 보자면, 몸은 모든 사람의 삶을 혹은 문화를 동일성 논리로 환원하려는 시도를 거부하고 자신만의 고유성을 발휘하는 삶을 실현하는 삶의 출발점이기도 하다.

그런데 문화산업에 의해 조장되는 몸은 몸에 담긴 이러한 의미를 거의 완벽하게 훼손해버리는 몸이다. 이 경우 몸은 각자의 삶의 생동감이 느껴지는 몸이 아니다. 텔레비전이나 그 밖의 매체 등을 통해서 문화산업이 퍼뜨리는 '식스팩 복근과 S라인 몸매가 특징인 몸'은 많은 사람들을 열광하게 하는 몸일 수는 있다. 그렇지만 각자의 삶의 고유한 특성과는 거리가 먼 몸이다. 한마디로 상품으로서의 몸일 뿐이다. 그렇기에 일정한 양의 화폐가치에 의해 대체될 수 있다. 달리 말하자면 그저 질료 덩어리로서의 몸일 뿐이다. 고유성이 상실된 몸, '기만된 몸'이다.

이처럼 문화산업은 시도 때도 없이 우리의 몸을 교환 가능하고 대체 가능한 것으로 만든다. 바로 이런 까닭에 문화산업이 조장하는 식스팩 복근과 S라인 몸매의 몸은 인간소외의 가장 첨예한 모습이라고 할 수 있다. 문화산업이 개성의 보고寶庫를 동일성 논리의 첨병으로 둔갑시키기 때문이다. 달리 말하자면 문화산업이 조장하는 몸은 누구에게나 가능한 몸처럼 보이지만, 자기 삶의 고유성을 고수하려는 대다수 사람에게는 그저 그림에 떡일 뿐이다. 그러므로 식스팩과 s라인 몸의 유혹에 빠져드는 것은 실현 가능성 없는 미래의 유혹에 빠져드는 행태와 크게 다르지 않다. 물론 그런 몸에 대한 갈망 자체가 악이라고 할 수는 없다. 또 실현 가능성이 희박하더라도 한번 시도해보겠다는 사람을 어찌할 수도 없는 노릇이다.

노동하는 몸이 진정한 몸이고 행복한 삶의 출발점이다

앞서 언급했듯이 몸은 기본적으로 각자 삶의 고유성이 응축된 저장고이자, 고유성이 발화되는 지점이다. 이에 반해 문화산업이 조장하는 몸은 그런 고유성을 훼손하는 몸이다. 그런 점에서 우리를 기만하는 거짓된 몸이라 할 수 있다. 적어도 절대 다수의 사람들에겐 그렇다.

그런데 아도르노에 따르면 거짓된 몸에 현혹되지 않고, 진정한 몸에 기초해서 자신만의 고유한 삶을 구현하기 위해서는 반드시 유념해야 하는 대단히 중요한 사항이 있다. 우리 몸은 역사적인 몸일 수밖에 없다는 사실이다. 달리 말하자면 후기자본주의 사회라는 역사적 조건 속에서 노동하는 몸이야말로 진정한 몸이라는 것이다.

아도르노는 몸을 폄하하는 관념론의 입장을 비판한다. 이 점에서 몸의 물질성 혹은 육체성을 강조한다. 그렇지만 관념론의 입장 못지않게 몰역사적 몸에 대해서도 비판적이다. 그는 철저하게 역사적인 몸을 강조한다. 다시 말해 후기자본주의 사회의 삶의 조건 속에서 노동하는 모습이 담겨 있는 몸에 주목해야 한다고 말한다. 바로 그러한 몸이야말

페르낭 레제, 〈건설 노동자〉, 1950

노동하는 모습을 아로새긴다는 것은 '실제의 삶'과 '의식'이 분리되지 않도록 하는 것을 의미하며, 그것이 바로 행복의 출발점이다.

로 문화산업이 현혹하는 기만된 몸에서 진정으로 벗어난 몸이며, 자신의 고유성이 발휘되는 행복한 삶의 출발점이 될 수 있는 몸이다.

그렇다면 후기자본주의 사회에서 노동하는 모습이 새겨진 몸이란 구체적으로 어떤 몸인가? 이 점을 상세하게 언급하기는 사실 쉽지 않다. 무엇보다 열이면 열 다를 수밖에 없을 테니까. 그럼에도 불구하고 후기자본주의 사회의 노동의 일반적 조건이 어떠한가를 살펴보는 건 중요하다. 왜냐하면 그에 따라서 노동하는 모습을 담고 있는 몸의 기본 윤곽, 더 나아가 삶의 기본 윤곽이 규정될 수 있을 것이기 때문이다.

이 점에서 아도르노가 그리는 진정한 몸은 우울함이 짙게 드리워진 몸이라 할 수 있다. 그는 후기자본주의 사회를 실패한 사회로 간주하기 때문이다. 더 정확하게 말하자면 후기자본주의 사회에서 행복한 삶이 실현될 수 있는 가능성은 거의 없다고 본다. 물론 우리가 이런 생각에 동의해야만 하는 건 아니다. 후기자본주의 사회가 여러 문제점을 안고 있다는 사실과 그런 문제점을 안고 있는 사회에서 행복한 삶의 실현이 불가능하다는 주장은 별개일 수 있기 때문이다. 중요한 것은 현재 삶의 조건에서 자신의 노동하는 모습이 새겨진 몸이야말로 행복한 삶의 출발점이 되어야 한다는 사실이다. 아도르노는 누구보다도 이 점의 중요성을 직시한다.

문화산업이 조장하는 식스팩 복근, S라인의 몸은 누구나 조금만 노력하면 가질 수 있고 그러면 행복한 삶이 저절로 따라오게 될 것처럼 여겨지기도 한다. 그러나 사실은 그렇지 않다. 행복한 삶을 약속해주는 몸처럼 보이지만, 사실은 끊임없이 그런 삶을 기만하는 몸이다. 적어도 대다

수 사람들에게는 그렇다. 구체적인 삶의 조건 속에서 노동하면서 만들어지는 몸이 결코 아니기 때문이다. 달리 말하자면 행복한 삶의 출발로서의 몸은 자신의 노동하는 모습이 구체적으로 아로새겨진 몸일 수밖에 없다. 그리고 이런 점에서 현재 삶의 조건에서 노동하는 역사적인 몸을 강조하는 것이야말로 정말 중요하다. 이는 아무리 강조해도 지나치지 않다.

S라인, 식스팩의 주술에서 빠져나와
내 몸에 노동하는 모습을 아로새기라

저주의 상징이 돼버린 듯한 뱃살이 언제부턴가 속절없이 불어나고 있다. 전에 없던 상황에 직면하면 다들 그렇게 말하겠지만 나 역시 내게 이런 날이 닥칠 거라고는 꿈에도 생각하지 못했다. 불어나는 뱃살, 처지는 복근만큼이나 삶의 활력이 떨어질 수밖에 없게 돼 있다고 누군가 말한다면, 전적으로 동의하기는 어렵겠지만 전적으로 부인하기도 어려울 것 같다. 이런 생각을 하다 보면 나도 모르게 몸이 움츠러든다. 거기다 아내가 한마디 더하기라도 하는 날이면 설상가상이 따로 없다. 아내 왈, 집 안일 도와주지 않는다고 탓하지 않을 테니 제발 매일 시간 내서 규칙적으로 운동 좀 하란다. 그런 말을 들을 때마다 안 그래도 자꾸만 오그라드는 근육이 더욱 오그라드는 느낌이 들곤 한다. 그리고 그런 기분은 곧바로 '관념의 쾌속 비행'으로 이어지곤 한다. '까짓것 나도 식스팩 복근 한

번 만들어봐?' 그런 말을 아내가 들으면, 지나가던 소가 웃을 일이라고 할지 모르겠지만 말이다.

사실 예전엔 좀처럼 받아들일 수 없었다. 이른바 명품 몸매를 만들기 위해서 물불 가리지 않는 사람들 말이다. 어디 그뿐인가? 일상생활에 심각한 지장을 줄 정도로 눈꺼풀이 내려와 쌍꺼풀 수술을 했다는 사람조차도 곱지 않게 봤던 게 사실이다. 그런데 예상치 못할 정도로 급격하게 변해가는 내 몸을 감지하면서 생각이 많이 바뀌었다. 할 수만 있다면 탄력 있는 복근 만드는 일이 나쁠 리 없다는 얘기다. 실제로 고대 그리스 사람들은 너나 할 것 없이 그런 몸을 만들려고 했고, 그것이 삶의 미덕이었다고 하지 않는가. 지금 우리라고 그러지 말란 법 있는가? 오히려 괜히 삐딱하게만 보려는 게 더 문제일 수도 있다. 물론 이로 인해서 식스팩 복근, S라인 몸매와는 비교할 수 없을 정도로 중요한 '몸에 관한 얘기'가 있다는 사실을 간과해서는 안 되겠지만 말이다.

식스팩 복근과 S라인 몸매를 주문 외우듯 말하는 사람들은, 삶의 다양한 영역에서 땀 흘려 일하는 사람들의 다양한 형태의 몸을 호도하기 십상이다. 달리 말하자면 식스팩 복근과 S라인 몸매를 자랑하는 사람들은, 십중팔구 그런 몸을 만드는 것 자체가 노동인 사람들이다. 보통 사람들이 자신이 해야 할 일을 정상적으로 수행하면서 그런 몸을 만든다? 언감생심 꿈도 꾸기 어려운 일이다.

수지 오바크(고 다이애너 영국 왕세자비를 상담했던 정신분석가)는 《몸에 갇힌 사람들》이라는 책에서 몸짱 열풍이 산업에 의해서 조장되는 일종의 전염병이라는 사실을 폭로한다. 문화산업이라는 표현을 쓰지 않았을 뿐이지, 이 점에서 아도르노의 주장과 다르지 않은 얘기다. 그녀에 따르면 우리는 유년기 어느 결정적인 시기에 자신의 몸에 관한 인식을 정립한다. 그리고 그때 '자신의 진정한 몸'에 대한 인식이 아니라 '거짓된 몸'에 대한 인식이 정립되면 그 영향이 평생 지속된다고 한다. 쉽게 말해서 그때 자신의 몸을, 문화산업이 조장하는 식스팩 복근을 가진 몸으로 혹은 S라인 몸매를 자랑하는 몸으로 정립할 경우, 평생 다이어트 중독이나 성형중독의 덫에서 헤어나지 못할 수도 있다는 얘기다. 의미심장한 얘기다.

수년 전 축구선수 박지성의 발이 사진을 통해 공개돼 화제를 불러일으킨 적이 있다. 이른바 평발임에도 불구하고 피나는 노력을 통해서 자신의 핸디캡을 극복한 박지성의 지칠 줄 모르는 노력에 많은 사람들이 경탄을 쏟아냈다. 그런데 내가 보기에 박지성의 발은 단순히 핸디캡 극복 이상의 의미를 담고 있다. 그의 발은 박지성이라는 축구선수의 발이라는 사실을 도외시하고 보면 사실 불편하게 느껴지기도 하는 투박한 발이다. 발레리나 강수진의 발처럼 소름이 돋을 정도는 아니지만 말이다.

정작 중요한 것은, 박지성의 발은 삶의 고통을 숨기지 않고 보여줄 뿐아니라 더 나아가 행복한 삶의 출발점이 어디인가를 잘 말해주고 있다는 점이다. 투박하기 짝이 없는 그의 발이, 그런 발에 의해 지탱되고 있는 몸이 행복한 삶의 출발점이라는 말이다. 이는 이른바 명품 복근을 자랑하는 잘 조련된 매끈한 몸이 아니라 노동의 고통이 아로새겨진 몸이 행복한 삶의 출발점이라는 사실을 함축한다. 물론 박지성의 발이, 몸이 과대 포장되는 것은 경계할 필요가 있다. 모두 다 박지성처럼 돼야 하는 것도 아니고, 그렇게 될 수도 없기 때문이다.

내 주변에는 이른바 명품 몸매에 견주어보면 형편없는 몸이지만, 자신의 삶을 영롱하게 새겨 넣은 몸을 지닌 사람들이 있다. 나이에 비해 머리가 일찍 벗어지고, 아랫배가 처져 있으며, 어깨가 꾸부정하기도 한 사람들이다. 그런 몸은 노동의 고통을 숨김없이 드러내준다. 그렇지만 그들의 몸은 건강하다. 그리고 언제나 당당하다. 무엇보다 놀라운 것은 그들의 몸이 치유의 힘을 지니고 있다는 사실이다. 그들과 어울려 소주잔을 기울이며, 세상 살아가는 얘기를 나누다 보면, 나는 그들의 몸짓 하나하나에서 놀라운 치유의 힘을 느끼곤 한다. 그들의 몸은 몸에 대한 아도르노의 이론을 뛰어넘게 해준다. 이런 보통 사람들 앞에서 S라인 몸매, 식스팩 복근은 허물을 벗고 흉측한 본색을 드러내지 않을 수 없다.

S라인 몸매, 식스팩 복근의 주술에서 깨어나야 할 때다. 아니 무엇보다 '같은 값이면 다홍치마'라는 말 속에 스며든 눈에 보이지 않는 폭력의 배후를 직시해야 할 때다. 단순히 몸짱 만들기의 부작용을 조심해야 한다는 말과는 차원이 다른 얘기다. 이는 질식사를 유발할 정도로 우리를 옥죄어오는 몸 주술에 대한 심층 비판이자 행복한 삶의 출발점을 가늠하지 못하게 우리의 시야를 방해하는 세태에 대한 근본적 저항을 함축한다. 그래서 말한다. 아직도 S라인 몸매, 식스팩 복근에 매여 있는 친구들에게. 자신의 몸에 자신의 삶을 아로새겨 넣어보라고. 그것도 영롱한 빛을 띠도록 아로새겨 넣으라고. 그래서 자신의 몸짓 하나하나가 다른 사람의 삶의 아픔을 치유해줄 수 있는 놀라운 힘을 지닐 수 있게 해보라고.

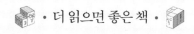 · 더 읽으면 좋은 책 ·

노명우,《계몽의 변증법―야만으로 후퇴하는 현대》(살림, 2005)

현대 사상가들의 저서가 흔히 그렇듯, 아도르노의 저서 역시 안내서 없이 일반 독자가 직접 다가가 이해하기는 대단히 어렵다. 아니, 거의 불가능에 가깝다. 아도르노가 호르크하이머와 함께 쓴《계몽의 변증법》도 예외가 아니다. 이런 점에서 이 책은 아도르노의 사상, 특히 그의 계몽에 대한 견해를 일반 독자가 이해하는 데 단비 같은 역할을 해줄 것이다.

조지프 콘래드,《암흑의 핵심》, 이상옥 옮김(민음사, 1998)

영화 〈지옥의 묵시록〉의 원작 소설이다. 탐험을 동경해온 주인공 '말로'가, 유럽 사람들이 암흑의 대륙이라고 부르는 아프리카로의 항해를 통해서, 자신의 꿈이 결국 위장된 제국주의적 꿈이었음을 깨닫게 되는 내용을 담고 있다. 제국주의에 대한 예리한 비판을 보여준다는 찬사와, 제국주의가 종식되어야 한다는 결론에 이르지 못한다는 비판이 공존하는 작품이다. 서구 문명의 빛이 '그들이 야만으로 간주하는 암흑의 대륙'과 대면해 무력해지는 모습을 보여주는데, 이런 내용은《계몽의 변증법》을 이해하는 데 적지 않은 도움을 줄 것이다.

수지 오바크,《몸에 갇힌 사람들―불안과 강박을 치유하는 몸의 심리학》, 김명남 옮김 (창비, 2011)

고故 다이애너 영국 왕세자비를 상담했던 정신분석가인 저자는 이 책에서 몸짱 열풍이 산업에 의해서 조장되는 일종의 전염병이라고 주장한다. 직접 문화산업이라는 표현을 쓰고 있지는 않지만, 몸짱 열풍에 대한 그의 이해는 근본적인 측면에서 아도르노의 생각과 다르지 않다. 몸짱 열풍에 대한 수지 오바크의 견해는 후기자본주의에서의 몸에 대한 아도르노의 견해를 좀 더 풍부하게 이해하는 데 많은 도움을 줄 것이다.

이 책들을 읽은 뒤에는 계몽 혹은 문화산업에 대한 아도르노의 견해에 직접 도전해보면 어떨까. 단, 아도르노의 문체에 시달릴 각오를 단단히 해두어야 한다. 《계몽의 변증법》(김유동 옮김, 문학과지성사, 2001) 전체를 다 읽는 것이 힘들다면 그중 일부, 특히 〈문화 산업─대중 기만으로서의 계몽〉을 읽어볼 것을 권한다. 아울러 〈스케치와 구상들〉에 있는 짧은 단상 '육체에 대한 관심'도 함께 읽으면 좋다.

7장

말에 현혹되지 않는 소통의 삶을 원하는가

데리다의 차연différance, '차이와 불화를 인정하라'

D·e·r·r·i·d·a

자크 데리다 Jacques Derrida (1930~2004)

알제리 태생의 프랑스 철학자로, 이른바 해체주의라 불리는 포스트 구조주의의 비평 이론을 재창했다. 이 관점에 따르면, 모든 말과 글은 그 말을 하는 화자나 글쓴이의 의도가 그 자체로부터 훼손될 수 있는 의미의 흔적을 지니고 있다. 해체주의는 이를 파헤침으로써 말과 글의 투명한 일의적 의미에 이를 수 있다고 주장하는 서구의 전통적 이성 중심주의의 허실을 폭로한다. 데리다의 해체주의 철학은 철학은 물론 문학, 사회학, 법학, 문화, 미술, 윤리학 등 많은 영역에 커다란 영향을 끼쳤다.

D·e·r·r·i·d·a

꿈은 이루어진다고?
이룰 수 없는 꿈을 생각해보라

'꿈은 이루어진다'고들 한다. 경우에 따라서 '꿈은 반드시 이루어진다'고 말하기도 한다. 그렇게 말할 때, 보통 내 꿈, 네 꿈 구별을 두지 않는다. 또 꿈은 이루어진다는 말은 네 꿈도 그렇듯이 내 꿈도 반드시 이루어진다는 의미로 회자되곤 한다. 많은 사람들이 그렇게 믿으며 살아간다.

그러나 대부분 꿈은 이루어지지 않는다. 자신의 꿈을 이룬 사람보다는 그렇지 못한 사람이 압도적으로 많다. 조금만 헤아려보면, 이러한 사실은 어렵지 않게 확인된다. 수많은 사람들이 대중스타를 꿈꾸지만, 그 꿈을 이룬 사람들은 손가락으로 꼽을 정도다. 그럼에도 불구하고 정말 흥미롭게도 '꿈은 이루어신다'는 말은 끊임없이 유포되고 있으며, 많은 사람들이 그 말을 너나 할 것 없이 꿈을 이룰 수 있다는 말로 받아들인다.

왜 이런 일이 벌어지는 걸까? 조금만 따져보면 그렇지 않다고 말할 수 있는 사례들이 얼마든지 있지 않은가. 왜 많은 사람들이 그 말을 철석같이 믿으려 하는가? 남들이 불가능하다고 했던 꿈, 그 꿈을 보란 듯이 이룬 사람들이 적지만은 않기 때문일 것이다. 또 꿈을 좇고 이루려는 행위는 인간의 본능이라 할 수 있기 때문이기도 하다. 설사 이룰 수 있는 꿈이 얼마 안 된다고 하더라도 말이다. 맞는 얘기다.

그런데 혹시 꿈을 이루기 위해서라면 '꿈은 이루어진다'는 말을 터럭만큼도 믿어서는 안 되는 게 아닐까? 다른 사람은 몰라도 적어도 자신의 경우에 꿈은 이루어진다는 말은 그야말로 꿈일 뿐이 아닌가? 또 불필요한 자책이나 희망고문에 시달리지 않기 위해서라도 꿈은 이루어진다는 꿈을 깨버려야 하는 것은 아닌가? 사람들은 '꿈은 이루어진다'는 말을 반신반의하다가도 정작 실패하면, 꿈은 이루어지게 돼 있는데 무산된 것은 전적으로 자기 탓이라고 생각하며 자책에 빠지기 일쑤이다. 혹은 이번엔 이루어지지 않았지만, 간절히 원하고 추구하다 보면 언젠가는 이루어지고 말리라는 이른바 희망고문을 자청한다.

꿈은 이루어진다는 말의 뜻을 통상 받아들여지는 의미로 이해해서는 곤란한 이유는 이것들에 국한되지 않는다. 꿈은 이루어진다는 말은 그 말을 하는 사람의 의도와는 무관하게 눈에 보이지 않는 폭력이 될 수 있다. 우리나라의 니트NEET족, 그러니까 취업을 포기하고 주로 아르바이트로 생계를 꾸려가는 집단의 수가 100만 명을 훌쩍 넘어섰다고 한다. 정말 안타까운 일이다. 그들에게 꿈은 이루어진다는 말을 거리낌 없이 할 경우, 그 말은 가혹한 폭력이 될 수 있지 않겠는가? 아니 굳이 니트족이 아니더라도, 그 말이 폭력 이상의 의미로 받아들여지는 경우는 얼마든지 있을 수 있다. 이를테면 꿈을 성취한 자가 똑같은 꿈을 이루려 했지만 좌절하고 만 사람들에게 그런 말을 했을 경우이다.

이런 물음을 던지다 보면, 꿈이란 말의 의미가 하나만 있는 게 아니라는 점을 새삼 알게 된다. 사실 국어사전만 뒤적여보더라도, 꿈이란 말의 뜻이 적어도 세 개는 된다는 것을 알 수 있다. 그런데 우리는 왕왕 그 말의 의미를 하나로 고정해 이해하려 한다. 그렇게 이해할 때, '꿈은 이루어진다'는 말은 그저 달콤한 사탕발림이 될 수도 있고, 로또복권보다 당첨 확률이 낮은 복권이 되기도 하고, 경우에 따라서는 폭력이나 고문이 되기도 한다. 다양한 의미를 지닌 말을 하나의 의미로 고정해 이해하는 데서 불필요한 문제가 발생할 수 있다는 얘기다. 꿈은 이루어진다는 말을 다양한 의미로 이해할 수 있다는 사실을 직시할 때, 적어도 쓸데없는 자책이나 희망고문으로 시간을 허비하거나 새빨간 거짓말에 놀아났다고 분노에 빠지거나 불가능한 일을 가능하다고 착각하면서 본의 아니게 일종의 폭력을 가하는 일은 일어나지 않을 것이다.

꿈이라는 말의 의미가 맥락과 관점에 따라 얼마든지 달라질 수 있다는 사실을 직시하라는 말은 꿈을 꾸지 말라는 얘기가 아니다. 오히려 꿈꾸는 삶, 그리고 그 꿈을 실현하는 삶을 살기 위해서라도 꿈은 이루어진다는 말의 의미가 한 가지 의미로 고정되지 않는다는 점을 직시할 필요가 있다는 것이다. 꿈은 이루어진다고 무턱대고 말하는 사람들도 이 점을 환기할 필요가 있다. 맥락에 따라서는 그런 말을 하는 사람들 자신도 미처 생각하지 못했던 의미를, 그것도 예사롭지 않은 의미를 던질 수 있기 때문이다. 많은 사람들에게 용기를 북돋아주려고 한 말이지만, 실제로는 심각한 상처를 주는 말이 될 수도 있으니까 말이다.

데리다Jacques Derrida에 따르면, 말의 의미는 우리가 흔히 생각하는 것과 달리 일의적으로 확정되지 않는다. 그에 따르면 '꿈은 이루어진다'는 말뿐만 아니라 모든 말이 그렇다. 즉 모든 말은 기본적으로 다의적이며, 이런 면에서 어떤 말의 확정적 의미는 신뢰할 것이 못 된다. 이런 데리다의 견해는 말의 의미를 일의적으로 확정하려는 데서 생기는 불필요한 문제들을 해소하는 데 시사하는 바가 크다. 데리다가 구체적으로 어떤 주장을 하고 있는지 살펴보고, 이를 통해서 '꿈은 이루어진다'는 말에 대한 경직된 이해에서 벗어나보자.

의미가 자명해 보이는 말에도
숨겨진 뜻이 있다고?

우리는 보통 어떤 말은 의미가 하나라고 생각한다. 설사 하나 이상이라고 하더라도 의미가 맥락에 따라 끊임없이 바뀔 수 있다고 생각하지는 않는다. 달리 말해 어떤 말이든 말의 의미가 고정되고 확정될 수 있다고 생각한다. 그렇기에 어떤 말이든 마음만 먹으면 말의 의미를 남김없이 알 수 있다고 생각한다.

그런데 데리다에 따르면, 어떤 말이든 그 말의 의미는 하나 혹은 몇 가지 의미로 고정되지 않는다. 어떤 말이든 맥락에 따라서 얼마든지 다양한 의미를 나타낼 수 있다. 심지어 전혀 생각하지도 못했던 숨겨진 의미가 드러날 수도 있다. 도대체 무슨 말인가?

'절친'이라는 말을 예로 들어보자. '절친'이라는 말은 절친한 친구를 줄여 부르는 말이다. 그리고 절친한 친구란 둘도 없이 가깝게 지내는 친구를 일컫는 말이다. 절친한 친구가 이런 의미를 지니고 있다는 사실은 누구나 알고 있다고 해도 무방하다. 우리는 보통 '절친'이라는 말이 이러한 의미 이상을 담고 있다고는 생각하지 않는다. 적어도 자신이 전혀 예상하지 못했던 의미, 이를테면 보통 우리가 이해하는 '절친'의 의미와 정반대되는 의미가 그 말 속에 숨겨져 있을 거라고는 생각하지 않는다.

그러나 데리다에 따르면 '절친'이라는 말은 위에서 언급한 의미로 고정되지 않는다. 혹은 여기에서 언급한 것과 다른 어떤 의미로 고정되지도 않는다. 맥락에 따라서 말의 의미는 다양하게 바뀔 수 있다. 게다가 그 말에는 어느 누구도 예상하지 못했던 숨겨진 의미가 있기도 하다.

A라는 사람과 B라는 사람이 있다고 치자. 이 둘의 관계에 대해서 C가 D에게 묻자, D가 C에게 "둘은 '절친'이야"라고 답했다. 얼핏 보면 이 말의 의미는 너무도 분명해 보인다. 즉 이 말은 'A와 B는 둘도 없는 친구다'라는 의미 이상을 담고 있지 않은 듯하다.

그런데 문제가 그렇게 간단하지 않다. 둘도 없는 친구란 도대체 어떤 친구일까 고민하다가, A와 B가 거의 붙어 다니는 걸 보고서, C는 '절친'이란 한시도 떨어지지 않고 늘 붙어 다니는 친구라고 생각할 수 있다. '절친'의 의미를 그렇게 받아들일 수 있다는 얘기다. 그런데 조금 시간이 지나면서 늘 붙어 다니지는 않지만, 서로 필요할 때면 언제든지 연락해서 만나는 사람들을 보면서, '절친'이란 붙어 다니는 것과 무관하게 필요할 때면 언제든 연락해서 만날 수 있는 친구라는 의미로 이해할 수도 있다. 그런가 하면 한참이 지난 뒤에는 늘 붙어 다니거나 필요할 때 연락해서 만나는 것과는 무관하게 남들에게 쉽게 얘기할 수 없는 고민을 들어줄 수 있는 친구라는 의미로 이해할 수도 있다.

이뿐만이 아니다. 친구를 위해서 서슴지 않고 폭력을 휘두르는 내용을 담은 '흥행에 성공한 어떤 영화'를 본 뒤에는, 범법 행위도 불사하며 친구를 무조건 감싸는 친구가 '절친'이라고 생각할 수도 있다. '절친'이 이런 의미일 수도 있다는 생각은 C 자신도 처음에는 전혀 하지 못했다. 또 '절친'이라며 텔레비전에 나와 거리낌 없이 친구의 흉을 보는 장면을 보고 나서는 남들 앞에서 시도 때도 없이 친구의 흠을 들춰내는 게 '절친'이라고 생각할 수도 있다. 이 역시 C 자신이 예상하지 못했던 '절친'의 의미일 뿐만 아니라 자신이 처음에 생각했던 '절친'과는 정반대되는 '절친'의 의미라고 할 수도 있다.

사실 여기에 열거한 의미 말고도 또 다른 의미가 얼마든지 있을 수 있다. 다시 말해서 '절친'의 의미가 특정한 의미로 결코 고정되지 않는다는 얘기다. 이는 A와 B가 '절친'이라고 했을 때, 어떤 맥락과 관점에서 말을 이해하느냐에 따라서 얼마든지 의미가 달라질 수 있음을 뜻한다. A와 B가 '절친'이라고 말하면서도 C와 D가 서로 다른 의미로, 심지어 정반대 의미로 이해하면서 대화할 수 있다는 것이다. 요컨대 말의 의미는 결코 한 가지 혹은 몇 가지 의미로 고정되지 않으며, 우리가 그 의미를 낱낱이 알고 있다고 생각하는 말도 맥락에 따라서 얼마든지 숨겨져 있던 의미를 드러낼 수 있다는 게 데리다의 주장이다.

또 다른 예를 들어보자. 요즘 항간에 자주 쓰이는 말 중에 '대박'이라는 말이 있다. 사람들은 그 말의 의미를 누구든 분명하게 알고 있다고 생각한다. 그런데 사실 알고 보면 그 말만큼 다양한 의미로 쓰이는 말도 별로 없다. 달리 말해 그 말만큼 숨겨진 의미를 많이 지닌 말도 드물다. 대박이란 말을 사전에서 찾아보면, 커다란 박 혹은 어떤 일이 크게 이루어짐을 비유적으로 이르는 말이라고 나와 있다.

그렇지만 대박이라는 말은 이 두 가지 의미만 갖고 있는 게 아니다. 이루 헤아릴 수 없을 정도로 많은 의미가 있다고 해도 지나치지 않다. 어떤 장면을 보고, 누군가 '저거 대박이다'라고 말했다고 치자. 이때 이 말의 의미는 도대체 뭔가? 그 장면이 배꼽 빼놓을 정도로 웃긴다는 의미로 한 말일 수 있다. 혹은 대단히 몰상식한 모습을 보여주고 있다는 의미일 수도 있다. 또는 상당히 비극적이라는 의미를 담고 있는 말일 수도 있다. 혹은 비위가 상할 정도로, 도저히 눈뜨고는 볼 수 없다는 의미로 쓰일 수도 있다. 대박이라는 말의 의미를 모르는 사람이 없을 것 같지만, 사실 그 말의 의미는 생각처럼 분명하지 않다. 맥락에 따라서는 전혀 예상하지 못했던 의미가 드러날 수도 있다.

어떤 말이 한 가지 이상의 의미가 담겨 사용되는 경우는 시詩나 정치인들의 고도로 계산된 정치적 발언에서나 볼 수 있다고 사람들은 생각한다. 그러나 데리다는 모든 말이 맥락에 따라 다양한 의미를 지닐 수 있다고 주장한다. 그에 따르면, '난 당신을 사랑해요'라는 지극히 분명해 보이는 말 역시 결코 한 가지 의미만 담고 있지 않다. 맥락에 따라 헤아릴 수 없을 만큼 다양한 의미를 드러낼 수 있다. 누구도 예상하지 못한 숨겨진 의미가 표출될 수 있다는 것이다. 즉 '난 당신을 사랑해요'라는 말은 '난 당신을 죽도록 혐오해요'라는 의미로 쓰일 수도 있다.

기표와 기의의 관계는
문화적으로 결정된다

모든 말은 하나의 의미로 고정되지 않고, 맥락에 따라서 다양한 의미를 지닌다는 데리다의 주장은 기본적으로 소쉬르F. d. Saussure의 견해에 뿌리를 두고 있다. 즉 데리다는 소쉬르의 견해를 비판적으로 받아들이고 있다. 그의 생각을 좇아가 보면, 말의 의미가 고정되지 않고 계속해서 변해간다는 것이 단순히 몇 가지 언어 사용의 예를 들어 내세우는 주장이 아니라는 사실을 알 수 있다.

소쉬르는 모든 언어의 기본 구조를 밝히고자 했다. 그에 따르면 모든 언어(그것이 한국어든, 일본어든 혹은 영어든 상관없이)의 기본 구조는 '소리'(혹은 문자)와 '표상'의 결합이다. 이를테면 내가 '사과'라고 말하거나 혹은 '사과'라는 글자를 썼을 때, 이는 항상 그에 상응하는 표상과 결합된 채로 쓰인다. 소쉬르는 전자를 기표記標, signifiant라고 부르고 후자를 기의記意, signifié라고 부른다. 그에 따르면 언어를 파괴하려 들지 않는 한, 언어는 항상 기표와 기의의 결합 속에서 사용된다. '사과'라고 말하거나 글자를 썼을 때, '사과'라는 말과 글은 항상 그것이 지시하는 대상이나 의미하는 바와 결합된 채로 사용된다는 것이다.

중요한 것은, 언어는 항상 기표와 기의가 결합되어 사용되지만, 그 관계가 변한다는 점이다. 이를테면 우리가 사과라고 부르는 과일은 그것을 사과라고 부르지 않으면 안 될 것처럼 생각하기 쉽지만, 사실은 그렇지 않다. '시괴'나 '사괴'로 부를 수도 있다는 말이다. 달리 말해 '사과'라는 기표와 그 기표가 지시하는 혹은 의미하는 기의(8~9월에 익으며, 맛이 새콤달콤한 사과나무의 열매)의 관계가 불변은 아니라는 말이다. 기표와 기의의 관계는 사회문화적으로 결정된다는 것이 소쉬르의 주장이다.

기표와 기의의 관계가 사회문화적으로 결정된다는 사실을 잘 보여주는 예를 하나 들어보자. 우리나라에서 애인愛人이라는 말은 일반적으로 사랑하는 남녀를 일컫는다. 그런데 일본과 대만에서는 불륜 관계에 있는 남녀를 의미한다. 똑같은 기표임에도 불구하고 그에 상응하는 기의가 다른 경우이다. 물론 우리나라에서든 혹은 일본이나 대만에서든 애인이라는 기표에 상응하는 기의가 한 가지로 고정되진 않는다.

데리다는 소쉬르로부터 이와 같은 생각을 이어받는다. 즉 기표와 기의는 항상 결합되어 있지만, 불변의 관계는 아니라고 주장한다. 그런데 데리다는 소쉬르와 달리 기표와 기의의 관계가 견고하지도 않다고 주장한다. 소쉬르는 양자의 관계가 사회문화적으로 결정되지만, 일단 관계가 맺어지면 비교적 견고하다고 주장한다. 8~9월에 익으며, 맛이 새콤달콤한 사과나무의 열매를 '사과'로 부르게 되면, 그 관계가 쉽사리 바뀌지 않는다는 것이다. 이에 반해서 데리다는 맥락에 따라서 그 관계가 얼마든지 바뀔 수 있다고 주장한다. 요컨대 어떤 기표에 상응하는 기의가

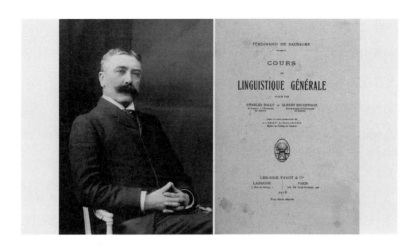

구조주의 언어학파의 창시자 소쉬르와 그의 사후에 출간된《일반 언어학 강의》
소쉬르에 따르면 언어는 기표와 기의의 결합 속에서 사용되며, 그 관계는 고정된 것이 아니라 사회문화적 조건에 따라 변화한다.

하나로 혹은 몇 가지로 고정되지 않는다는 것이다.

지인들과 오랜만에 만났을 때, 사람들은 이런 말을 자주 한다. "언제 소주 한잔 하자." 여기서 소주 한잔이라는 기표에 상응하는 기의는 명쾌해 보인다. 기표와 기의의 관계가 반박의 여지 없이 확정적인 것처럼 보인다는 얘기다. 얼핏 봐서는 그렇다.

그러나 조금 더 생각해보면, 기표와 기의의 관계가 결코 확정적이지 않다는 것을 알게 된다. A가 소주 한잔이라고 말했지만, B는 그간의 경험에 비추어 A가 소주 한잔이라는 기표로 말하고자 했던 기의는 맥주라고 이해할 수 있다. 그런가 하면 시간이 한참 지나서는 양주라고 받아들일 수도 있다. 시간이 훨씬 더 지난 뒤에는 삼겹살로 받아들이는 경우도 전혀 없지는 않다. 또는 '특정한 사업을 수행하면서 서로의 이해관계를 따져보는 것'으로 받아들일 수도 있다. 심지어는 '아무 의미가 없는 말'로 이해할 수도 있다. 이처럼 소주 한잔이라는 기표에 상응하는 기의는 하나로 확정되지 않는다. 맥락에 따라서 무수히 많은 기의와 관계할 수 있다.

그렇기 때문에 A와 B가 소주 한잔이라는 똑같은 기표를 통해서 대화하면서도 전혀 다른 기의로 받아들이는 일이 불가능하지 않다. 사실 데리다는 여기에 그치지 않고, 오히려 그렇게 달리 이해하는 것이 의사소통의 불가결한 전제라고 주장한다. 이 점에 대해서는 더 언급할 것이다. 여하튼 여기서 소주 한잔이라는 기표와 그에 상응하는 기의를 예로 들었지만, 데리다에 따르면 기표와 기의가 불변 관계에 있지 않다는 점은 모든 언어에 적용될 수 있다. 모든 기표와 기의의 관계는 결코 고정되지 않으며, 끊임없이 새롭게 변해갈 수 있다는 것이다.

데리다는 말의 의미의 이러한 특성을 나타내기 위해서 '차연差延, dif-férance'이라는 조어를 만들어낸다. 모든 말은 다른 말과의 차이 속에서 의미를 지닐 수 있지만, 그 의미는 특정한 의미로 확정되거나 고정되지 않는 사태를 나타내기 위해서 만들어낸 말이 바로 '차연'이다. 소주라는 말은 소주 아닌 다른 모든 말들(맥주, 양주, 막걸리, 와인, 기타 등등)과의 차이 속에서 의미를 지니게 되지만, 그렇다고 해서 그 말의 의미가 한 가지 혹은 몇 가지 의미로 고정되진 않는다. 이런 사태를 나타내기 위해 차이와 지연의 결합어인 '차연'이라는 개념을 만들어낸 것이다. 이는 데리다 철학의 핵심 개념 중 하나이다. 그래서 그의 철학을 차연의 철학이라고 부르기도 한다.

불완전한 이해와 불일치는
의사소통의 불가결한 전제다

데리다에 따르면 어떤 말이든 그 말의 의미는 하나로 혹은 몇 가지로 확정되지 않는다. 맥락에 따라 끊임없이 달라진다. 다시 말해 말의 의미는 특정한 의미로 종료되는 게 아니라 계속해서 유예되고 지연된다. 데리다는 말의 의미가 이렇게 고정되지 않고 끊임없이 변해가는 것을 산종散種, dissemination이라고 부른다.

밭에 직접 씨를 흩뿌리는 것이 산종이다. 그렇게 씨를 뿌리면, 원하는 장소에 뿌려지지 않기 일쑤이다. 씨가 고랑뿐만 아니라 두둑에도 뿌려지게 마련이라는 얘기다. 게다가 싹이 트는 것도 고르지 않다. 또 특정한 단위면적 안에서 자라는 작물의 수도 일정하지 않게 된다. 따라서 이른바 솎아내기를 하지 않으면 안 된다. 거칠게 말하자면 산종을 해서 작물을 재배할 경우 작물 수확은 다른 재배 방법에 비해 종잡기 어렵다.

데리다에 따르면 어떤 말의 의미는 이런 식으로 드러나고 이해된다. 똑같은 말이라 하더라도 맥락에 따라서 전혀 다른 의미로 사용되고, 전혀 예상하지 못했던 숨겨진 말의 의미가 드러날 수도 있기 때문에, 어떤 말이든 의미를 종잡기 어렵다고 할 수 있다. 맥락에 따라서 달라질 수 있기 때문에 말의 의미는 확정할 수 없다는 것이다.

그런데 데리다의 주장은 이 정도에서 멈추지 않는다. 모든 말의 의미가 맥락에 따라 계속 바뀌게 된다는 것은 말의 본질적 의미가 없다는 것을 뜻한다. 이른바 원본original이 없다는 것이다. 그래서 우리들의 의사소통에서 완벽한 합의에 다다를 수 있다고 생각하거나 주장하는 것은 일종의 환상이라고 본다. 말을 제대로 이해했는지를 확인시켜줄 원본(본질적 의미)이 있다면, 그에 입각해서 완벽한 합의에 도달하는 의사소통이 이루어질 수 있다. 그러나 실제로는 그렇지 못하다. 데리다는 오히려 불완전한 이해가 의사소통의 불가결한 전제라고 본다.

정치권을 뜨겁게 달구는 이슈들과 관련해서 빈번하게 등장하는 말 중 하나가 '국익'이다. 논쟁이 되는 문제들을 국익의 관점에서 이해하고, 그에 기초해서 의견일치에 이르자는 주장이 심심치 않게 제기된다. 국익이란 사전적 의미로 보면 '국가의 이익'을 의미한다. 국가의 이익이란 말을 이해하지 못하는 사람이 있을까? 그 의미는 너무도 분명해 보인다. 대한민국의 이익을 일본의 이익이나 미국의 이익과 혼동할 사람은 없을 테니 말이다. 그러므로 얼핏 생각하면 그 말의 의미를 완벽하게 이해할 수 있을 것처럼 보이고, 그에 기초해서 논쟁을 불러일으키는 문제에 대해서도 완벽한 합의에 이를 수 있을 듯하다.

그런데 과연 그럴 수 있을까? 국익에 대한 완벽한 이해가 가능할까? 또 그러한 이해에 기초한 완벽한 의견일치가 가능할까? 그 의미가 너무도 분명해 보이고, 그래서 완벽한 이해에 도달할 수 있다고 생각하면서 너도 나도 쓰는 국익이라는 말의 의미만큼 불명료하고 다의적인 경우도 드물다. A 정당과 B 정당이 똑같이 '국익'이라는 말을 써서 자기 주장을

크리스티안 롤프스, 〈익살꾼의 대화〉, 1912

모든 언어는 그 의미가 확정적이지 않으며 언제나 오해의 가능성을 수반한다. 어쩌면 소통
은 이러한 오해의 가능성을 인식하는 것에서부터 시작되는지 모른다.

정당화하려 들지만, 서로 전혀 다른 의미로 쓰는 경우가 다반사다. 이럴 경우 국가의 이익은 특정 정당의 이익이라는 의미 이상을 지니지 못할 때가 대부분이다. 경우에 따라서는 특정 정당의 특정인들의 이익이라는 의미로 쓰일 때도 많다. 그럴 경우 국익이란 많은 국민들의 이익에 배치되는 의미일 수 있으며, 그럴 경우 다른 국가의 이익이라는 의미를 갖게 될 수도 있다. 이런 주장은 결코 허황하지 않다.

말의 의미는 결코 확정돼 있지 않고 끊임없이 바뀌어가기 때문에, 특정한 맥락에서 이해한 의미는 다른 맥락에서 보자면 불완전한 이해일 수밖에 없다. 달리 말하자면 우리는 늘 특정한 맥락에서 이해할 수밖에 없기에, 어떤 말의 의미를 불완전하게 이해할 수밖에 없다. 따라서 서로 다른 사회적 맥락 속에 있는 사람들의 의사소통은 늘 이러한 불완전한 이해에 기초해서 이루어진다. 그러므로 불완전한 이해, 불일치는 의사소통의 불가결한 전제라는 것이 데리다의 주장이다.

얼핏 생각하면 이러한 주장은 상당히 문제가 있는 것처럼 보인다. 의견 불일치가 불가결하다고 함으로써, 의사소통의 무가치함을 조장하는 것처럼 보일 수 있다. 또 무슨 말이든 제멋대로 이해하고 주장해도 상관없다는 생각을 유포하려는 것처럼 보인다. 사실은 그렇지 않다. 오히려 실제로는 그렇지 못함에도 불구하고 마치 말의 의미를 완벽히 이해하고 마침내 의견일치에 이를 수 있는 것처럼 주장하는 사람이 더 문제이다. 서로 다르게 이해되는 것을 부정하지 않고, 온전히 받아들이면서 의사소통을 하는 쪽이 훨씬 더 긍정적인 자세라는 것이다.

정치인들이나 정치권이 왜 늘 비난과 조소의 대상이 되는가? 자기 생각 혹은 자기 정당의 생각이 불완전한 것이라는 점을 인정하지 않는다. 그것은 특정한 맥락에서 나온 생각이라는 사실을 조금도 수긍하지 않는다. 자기 생각 혹은 자기 정당의 생각은 불완전하고, 어떤 의미에서는 잘못된 생각일 수 있다는 사실을 인정하지 않는다. 무엇보다 자신들의 주장이 맥락에 따라서 표면적 의미와 정반대되는 의미를 드러낼 수 있다는 사실을 받아들이지 않는다. 오히려 자신의 생각이나 자기 정당의 생각은 완벽하다고 주장한다. 이것이 매번 소통을 하자고 나서지만 소통이 불발되는 결정적인 이유 중 하나이다.

위와 같은 이유 때문에 데리다는 해체deconstruction의 독해를 주장한다. '완벽한 이해'와 '그것에 기초한 완벽한 의사소통'의 해체를 주장한다. 그가 사용하는 해체라는 개념은 어떤 말이든 숨겨져 있는 예기치 않은 비축물을 담고 있음을 시사한다. 우리에게 너무나 친숙한 텍스트나 주장도 표면적으로는 숨겨진 혹은 예기치 않은 의미를 담고 있다는 것이다. 이는 친숙한 것의 이해에 대한 우리의 일반적 견해를 뒤집는다. 바로 이런 점에서 그의 해체는 허무주의적인 것이 아니라 긍정적인 독해 방식이다.

말소抹消하에 두기의 전략에 입각해
말의 의미를 받아들이기

데리다는 말의 의미가 한 가지로 고정되지 않고 계속해서 지연되고 흩어지기 때문에, 어떤 말의 의미를 그에 상응해서 이해하기 위한 특별한 방법을 제시한다. 바로 '말소하에 두기under deletion' 전략이다. 이를 통해서 어떤 말의 의미를 일의적으로 혹은 몇 가지 특정한 의미로 고정해 이해하려는 데서 벗어나려 한다. 그렇다면 말소하에 두기란 도대체 무엇인가? 이에 대한 이해를 돕기 위해서, 내가 결혼 직후 겪은 일화를 소개해보겠다.

2008년에 호적법이 폐기됨으로써 호주제나 호적도 사라졌다. 그러나 내가 결혼했을 때에는 호적법이 있었다. 그래서 당시에는 결혼을 해서 혼인신고를 하게 되면 호적을 새롭게 정리해야 했다. 한 가정의 주인(호주)을 정하고, 나머지 식구들의 신분 사항(본적지, 이름, 생년월일 등)을 호주와의 관계에 따라 기입한 공적인 장부가 호적이다. 결혼 후 거의 한 달이 가까워올 무렵, 혼인신고를 하기 위해서 구청을 찾았다. 해당 서식에 필요한 사항을 적은 뒤 담당자에게 제출했다. 그랬더니 구청 직원이 대뜸 "본인이 호주가 되어 호적을 새로 만드시겠습니까?"라고 묻는 게 아닌가. 무슨 말이냐고 되물었다. 그랬더니, 장남이 아니면 혼인신고를 하면서 본인이 새롭게 호주가 될 수 있다는 것이었다. 나는 잠시 생각하다 그렇게 하겠노라고 했다.

그러자 담당자는 나를 원래 호적(아버님이 호주로, 나는 호주의 차남으로 기재되어 있던 호적)에서 말소하에 놓았다. 2남 최준호라는 호적상의 기재 사항을 말소deletion 한 게 아니라, 말소하에 두기를 했던 것이다. 그는 최준호라는 이름을 지워버리는 게 아니라, 이름에 X표를 하고는 그대로 두었다. 그것이 바로 '말소하에 두기'이다. 그렇게 해두면 아버님이 호주로 기재되어 있던 호적을 봤을 때, 내가 호주의 2남이었으나 이제는 새로운 호적에 기재된 인물이라는 사실을 알 수 있게 된다. 즉 그 호적을 보면 최준호라는 존재의 유래가 흔적으로 남음과 동시에 더 이상 과거의 상태에 있지 않고 새로운 상태로 옮겨갔다는 사실이 적절하게 확인된다.

고정되지 않고, 맥락에 따라 끊임없이 지연되고 흩어져가는 '말의 의미'에 대한 적절한 이해를 위해서 데리다가 취한 전략이 바로 이것이다. 그는 '말소하에 두기'에 입각해서 어떤 말의 의미를 이해하려고 할 경우, 그 의미가 지금 어떤 것이라는 사실과 계속해서 그런 의미로 머물지 않고 다른 의미로 바뀌어가게 된다는 사실이 잘 드러날 수 있다고 보았다.

예를 들어보자. A는 오랫동안 교제해온 남자친구 B로부터 어느 날 다음과 같은 말을 들었다. "내 맘 알지? 난 널 무지무지 사랑해. 그러니 이제 결혼을 승낙해줘." 이 말을 들은 A는 기분이 날아갈 듯했지만, 곧바로 승낙한다는 말을 하지 않고 한참 뜸을 들였다가 다음과 같이 조심스럽게 물었다. "네 맘 알지. 그런데 말이야, 사랑이란 게 도대체 뭐지?" 뜻밖의 질문에 잠시 당황하며 머뭇거리던 B는 이렇게 대답했다. "사랑이 뭐냐고? 뭐긴 뭐야. 한시라도 떨어져 있으면 보고 싶어 미칠 것 같고, 그래서 너와 한평생 같이하기 위해서는 뭐든 하겠다는 한결같은 마음이지." B에게 이런 말을 들은 A는 이번에는 구름 위를 걷는 듯한 기분이 들었지만, 그 말을 듣고도 승낙한다는 말을 하지 않았다. 그 대신 B와 헤어지고 나서 종이에 B가 한 말을 그대로 적은 뒤에 X표를 해보았다. 이른바 '말소하에 두기'에 입각해서 B가 한 말의 의미를 파악하려 했던 것이다.

이렇게 '말소하에 두기'에 입각해서 사랑이라는 말의 의미를 이해하려고 해보니, 지금은 너무도 분명해 보이는 B가 말한 사랑의 의미가 시간이 한참 지난 뒤에도 똑같은 의미로 다가올지 A는 확신할 수 없게 되었다. 아니 시간이 지난 뒤에는 지금과는 다른 의미로 이해될 수밖에 없다고 생각하게 되었다. 그리하여 어떤 말의 절대적 의미라는 게 일종의 환상이라는 사실과 모든 이해는 불완전할 수밖에 없다는 점 또한 알게 되었다. 달리 말해서 말소하에 두기에 입각해서 어떤 말의 의미를 파악할 경우, 그 말의 일의적 의미만을 고집하는 독단적 태도를 벗어던지고, 맥락에 따른 다양한 의미를 인정하는 개방된 태도를 가질 수밖에 없다는 것이다.

'꿈은 반드시 이루어진다'는 말의 다양한 의미를 직시하라

데리다에 따르면, 모든 말은 맥락에 따라서 다양한 의미를 지닌다. 그렇기 때문에 말의 의미를 하나로 고정해 이해하려는 데서 파생되는 문제로부터 벗어나기 위해서는 '말소하에 두기'에 입각해서 파악할 필요가 있다.

그런데 모든 말의 의미를 과연 그렇게 파악해야 하는가? 이를테면 친밀한 관계에 있는 사람들과 일상적으로 나누는 대화에서 오가는 말의 의미마저 그렇게 파악해야 하는가? 너무 피곤한 일 아닐까? 현실적으로 모든 말의 의미를 일일이 '말소하에 두기'에 입각해서 파악하며 살아가기는 불가능하다.

그럼에도 불구하고 그 말의 의미를 '말소하에 두기'에 입각해서 파악하면 대단히 유용한 경우가 있을 것이다. 그 말의 의미를 어떻게 이해하느냐에 따라 삶이 커다란 영향을 받는 경우이다. 이를테면 평소 잘 알지 못했던 사람이 어느 날 불쑥 찾아와, '사랑하니 결혼해달라'고 할 경우, 그가 말하는 사랑의 의미를 단박에 확정지어버려서야 되겠는가? 그 의미를 헤아려보고, 또 헤아려보기를 멈추지 말아야 하지 않겠는가.

데리다의 견해에 입각해서 보자면, 그 의미를 어떻게 파악하느냐에 따라 삶이 커다란 영향을 받게 되는 말이 어떤 말인지 정해져 있지는 않다. 어떤 말이라도 맥락에 따라 생사를 넘나들게 할 정도로 중요한 의미를 지니는 말로 사용되는 경우가 생길 수 있다. 어떤 말이 삶을 좌우할 정도로 중요한 말인가 그렇지 않은가 역시 맥락에 따라 결정된다고 할 수 있다. '꿈은 이루어진다'는 말의 의미가 하나로 고정되지 않는다는 사실을 직시하는 게 대단히 중요하다는 주장 역시 철저히 맥락에 입각한 주장이라는 얘기다.

동서고금을 막론하고 젊은 세대의 꿈이 강조되지 않은 적은 없다. 젊은이들의 꿈과 그 꿈을 실현하기 위한 불굴의 도전정신은 어느 사회에서든 늘 강조되어왔다. 그렇게 보자면, 대학생들에게 자신들의 꿈을 아름답게 설계하고, 꿈의 실현을 위해 실패를 두려워하지 말라는 말을 이른바 명사名士라면 너나 할 것 없이 목청껏 얘기한다고 해서 이상할 건 없다. 문제는 '젊은 세대의 꿈'과 '그 꿈의 실현을 위한, 실패를 두려워하지 않는 도전정신'이 과도하게 미화되고 있다는 점이다. 마치 그것이 미래 세대의 모든 문제를 해결해줄 만병통치약인 양 부풀려지고 있다. 누구든 자신의 꿈을 아름답게 설계하고 실패를 두려워하지 않고 노력하기만 하면 성취할 수 있는 것처럼 호도되고 있다. 현재의 불행이 꿈을 제대로 디자인하지 않았기 때문인 것처럼, 실패에 대한 두려움 때문에 현실에 안주하려고 하는 태도 때문인 것처럼…….

젊은 세대에게 미래의 삶에 대한 꿈을 지나치게 강조하는 것은 역설적으로 그만큼 현재 삶의 조건이 척박하다는 말이나 다름없다. 자신의 꿈을 아름답게 디자인하라고 귀가 따갑도록 말하는 이유는 그만큼 현실의 삶이 어렵기 때문이다. 안타까운 일이지만 우리가 살고 있는 대한민국이 OECD 국가 중 청년 실업률 1위이자, 니트족 수가 가장 많은 국가라고 하지 않은가. 이렇게 된 이유가 그동안 젊은 세대가 자신들의 꿈을 잘 설계하지 않은 데 있다는 말인가?

꿈을 아름답게 디자인하고, 어떤 역경이 닥치더라도 포기하지 말고 자신이 디자인한 꿈을 향해 나아가다 보면, 언젠가는 반드시 꿈을 이룰 거라고, 이른바 성공한 저명인사들이 여기저기에서 말한다. 그렇지만 애석하게도 이런 말은 그저 듣기 좋은 말에 그칠 가능성이 크다. 그렇게 꿈을 이룬 사람은 그렇지 못한 사람에 비하면 극소수라고 해도 지나치지 않기 때문이다.

꿈을 아름답게 디자인하기를 단념하라는 말인가? 꿈이 이루어질 가능성이 희박하니 되는 대로 살라는 말인가? 혹은 자신의 꿈이 실현될 가능성이 희박한 현실에 절망하고 분노하라는 말인가? 그런 얘기가 아니다. 꿈을 포기하고 살지 않기 위해서라도 '꿈은 이루어진다'는 말의 의미가 맥락에 따라서 달라도 너무 달라질 수 있다는 사실부터 직시할 필요가 있다는 것이다.

'꿈은 이루어진다'고 할 때의 꿈은 얼핏 생각하면 모든 사람의 꿈을 말하는 것처럼 보이지만 그렇지 않다. 이는 자신의 꿈을 이루는 데 성공한 사람들의 꿈에 국한된 꿈이다. 특히나 역경을 이겨내고 자신의 꿈을 이룬 사람에게, '꿈은 이루어진다'는 말만큼 타당하면서도 가슴 뭉클하게 하는 멋진 말도 없다.

이에 반해서 많은 사람들에게 꿈이란 '실현되지 않은 혹은 실현 가능성이 없는 이상'을 의미한다. 그렇기 때문에 '꿈은 이루어진다'는 말의 꿈과 자신의 꿈을 동일시하는 자세는 경계할 필요가 있다. 혹은 동일하다고 말하는 사람이 있다면, 그들의 말에 현혹되지 않도록 조심할 필요가 있다. '꿈은 이루어진다'는 말의 의미를 이해하고, 자신이 이해한 바에 대해 서로 의견을 교환하는 것과 관련하여, 사람들은 서로 다르게 이해하고 그로 인해 오해를 빚을 수 있으며 이는 불가피하다고 할 수 있다. 그러한 오해 속에서 그 말의 숨겨졌던 의미가 불쑥 불쑥 생겨나는 사태 역시 불가피하다고 할 수 있다.

이 점을 직시한다고 해서, 꿈의 실현이 보장되는 것은 물론 아니다. 그렇지만 최소한 쓸데없는 자책이나 가능성 없는 희망의 포로가 되는 일은 없을 것이다. 아울러 다른 사람들로부터 눈에 보이지 않는 폭행을 당하거나 폭행을 가하는 데서 자유로울 수 있을 것이다. 그러니 누군가 '꿈은 이루어진다'라고 말하거나 '실패를 두려워하지 말고 계속 도전하다 보면 언제가 반드시 성공할 것이다'라고 말하거든 그게 무슨 말이냐

고 되물어보고, 그가 답하거든 그것을 말소하에 두기에 입각해서 이해
하려고 해보자.

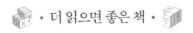 ・ 더 읽으면 좋은 책 ・

이성원 외, 《데리다 읽기》(문학과지성사, 1997)

데리다의 원작 역시 일반 독자가 바로 읽기에는 역부족이다. 이 책은 전문가들의 짧은 글 여섯 편을 모아 놓은 것이다. 읽기에 다소 딱딱하게 여겨질 수 있는 학술적 글들로 구성되어 있지만, 일반 독자들도 큰 어려움 없이 소화해낼 수 있을 만큼 비교적 평이하게 쓰여 있다. 여기에 실린 모든 글이 그렇지만 특히 김상환의 〈데리다 소묘〉와 이성원의 〈해체의 철학과 문학 비평〉은 난해한 데리다를 이해하는 데 큰 도움을 줄 것이다.

페넬로페 도이처, 《How To read·데리다》, 변성찬 옮김(웅진지식하우스, 2007)

일반 독자가 읽기에 다소 어려움이 따르는 책이지만, 집중력을 유지하고 읽는다면 같은 시리즈의 《How To Read 니체》와 마찬가지로 노력 이상의 결실을 얻을 수 있다. '해체의 의미'와 '진정으로 의미 있는 의사소통이 되기 위한 전제'와 관련하여 특히 그렇다. 옮긴이가 말하고 있는 것처럼, 깊이를 유지하면서 데리다 철학의 전체적인 면모를 잘 소개한 훌륭한 입문서이다.

김보현 편역, 《해체—자크 데리다》(문예출판사, 1996)

데리다의 글 열두 편을 옮긴 책이다. 연설문, 저서의 일부, 논문으로 소개되었다가 단행본으로 출간된 것 등 다양한 성격의 글들을 수록했다. 데리다의 초기 저술 가운데 가장 핵심적인 글들을 모은 것이며, 글마다 친절하게 해설을 달아

놓았다. 읽어내기가 쉽지 않지만, 데리다의 글을 직접 대면해보고 싶은 독자라면 과감하게 도전해볼 것을 권한다. 다른 글은 제쳐두더라도 적어도 두 번째로 실린 〈차연〉만은 꼭 읽어보기를. 데리다의 글 전부를 압축해놓았다고 해도 지나치지 않은 작품이기 때문이다. 단, 어떤 절망감도 감내해내겠다는 의지가 필요하다.

8장

불행해지고 싶은가

루소의 동정심 pitiée, '타인의 고통을 외면하지 마라'

R·o·u·s·s·e·a·u

장 자크 루소Jean-Jacques Rousseau(1712~78)

18세기 프랑스의 정치사상가이자 철학자, 소설가, 교육이론가. 이성과 진보의 논리에 반기를 든 문명 비판자였으며, 인민 주권을 창안하고 자유와 평등을 옹호한 혁명적 사상가였다. 또 합리와 낙관이 지배하던 시대의 흐름을 거슬러 자연을 노래하고 감성의 순수한 꿈을 추구했다. "인간은 자유롭게 태어났으나 도처에서 사슬에 매여 있다"는 말에서 보듯, 그는 인류가 행복하기 위해서는 가능한 한 자연 상태에서 멀어지지 않아야 한다고 보았다. 그가 말하는 자연은 인간 본연의 자유가 존중되는 상태를 가리킨다.

R·o·u·s·s·e·a·u

"요즘 젊은 것들은 버릇이 없어!"

자고 나면 OOO 막말녀, OOO 폭행남, OOO 패륜녀 이야기가 인터넷을 뜨겁게 달군다. 이른바 무개념남·무개념녀 이야기가 하루가 멀다하고 장안의 화제가 되고 있다. 종종 무례하기 짝이 없는 대학생의 행동거지가 도마에 오르곤 한다. 그리고 이와 관련된 보도를 할 때면, 많은 언론매체들은 동방예의지국이란 먼 옛날의 얘기가 돼버렸다고 호들갑을 떨곤 하다. 예전엔 그렇지 않았는데 삶이 갈수록 팍팍해지다 보니, 대학 캠퍼스의 학생들조차 최소한의 예의도 지키지 않는 일이 비일비재하게 벌어지고 있다는 것이다.

그런데 정말 그런가? 과거엔 그렇지 않았는데 요즘 들어 그렇게 되었단 말인가. 만일 그렇다면 언제부터 그렇게 되었다는 것인가? 2000년대

들어서면서부터? 그게 아니면 1980년대부터? 그것도 아니라면 이른바 경제개발이 본격화되기 시작한 시점부터? 예전엔 그렇지 않았는데, 요즘 젊은 친구들 버릇없다는 말을 하는 사람에게 이렇게 물으면 정작 언제부터라고 꼭 집어 얘기하는 사람은 거의 없다. 그저 요즘 들어 그렇게 변해버렸다는 얘기만 할 뿐이다.

대학생들 버르장머리 없다는 얘기는 30~40년 전에도 시도 때도 없이 나왔다. 훨씬 이전부터 늘 해온 얘기인지도 모른다. 사실 그랬다. 그래서 사람들은 말하지 않는가. 유사 이래로 젊은이들 버릇없다는 말은 계속되어왔고, 앞으로도 계속될 거라고. 예의범절이란 시대에 따라 변할 수밖에 없고, 그렇기 때문에 기성세대와 미래세대 간의 이른바 세대차를 반영할 뿐이라는 얘기다. 이렇게 보면 대학생들 예의 없다는 말은 대수롭지 않게 넘겨도 상관이 없다.

요즘 대학생들의 행동거지를 무턱대고 감싸려는 건 아니다. 정말 많이 변했다. 과거와 달라도 너무 다르다. 강의시간 내내 잠을 자거나 휴대폰을 포함한 전자기기를 만지작거리는 건 예사다. 심지어 강의시간에 음식물을 먹는 학생도 있다. 2000년대 이전만 하더라도 찾아보기 힘든 광경이 심심치 않게 펼쳐진다. 이런 일을 강의실에서 직접 접하게 되면 평온한 마음을 유지하기가 여간 어렵지 않다.

그럼에도 불구하고 정작 대책이 없다 싶은 생각이 들게 하는 것은 학생들의 행동거지 자체가 아니다. 학생들의 예의 없음이 도를 넘어섰다고 말할 때면 거의 어김없이 입시 위주 교육의 문제점과 그로 인한 인성 교육의 실종을 지적하는 말과 글이 나온다. 대부분 그런 말과 글은 변죽만 울리는 데 그치고 만다.

우리 사회가 입시 위주 교육의 문제점이나 인성 교육의 부재로 홍역을 앓고 있다는 점은 잘 알려져 있다. 정작 중요한 건 어떻게 하면 그로부터 벗어날 수 있는가 하는 점인데, 많은 경우 본말이 전도된 얘기에 그치고 만다. 이를테면 현행 입시제도의 문제점이 사교육을 과도하게 부추기고, 그로 인해 공교육이 위축되면서 인성 교육이 뒷전으로 밀리게 되었다고 주장하는 식이다. 다시 말해 입시제도를 개선하면 문제가 해결될 수 있다는 것이다. 물론 이런 주장이 전적으로 틀리진 않다. 다만 문제의 핵심에 접근해서 해결책을 제시하지 못할 뿐이다.

문제의 핵심은 입시제도가 아니라, 학력과 학벌의 차이에 따른 삶의 과도한 불균형에 있다. 학력과 학벌에 차이가 있다 하더라도 그에 따른 삶의 조건이 크게 다르지 않다면, 만사 제쳐놓고 대학에 가려 하거나 무개념남·무개념녀가 되어도 좋으니 이른바 명문대학에만 진학하면 그만이라고 생각하지는 않을 것이다.

그러나 다들 알듯이 우리나라만큼 학벌에 따른 결과의 차이가 큰 나라도 없다. OECD 국가들 중 상위권이라고 하지 않는가. 이런 점이 달라지지 않는 상황에서 입시제도의 개선을 통한 문제 해결 운운은 변죽만 울리는 것과 다를 바 없다. 더 나은 삶의 조건에서 살려는 자기계발의 욕구를 눈 가리고 아웅할 수는 없는 노릇이다. 입시제도만 개선한다고 해서, 중고등학교에서 인성 교육이 제대로 이루지기를 기대하기는 어렵다는 말이다.

학생들을 강의실에 모아놓고 주당 몇 시간의 교육을 통해서 그들의 인성이 엇나가지 않도록 할 수 있다는 생각도 표피적이기는 마찬가지이다. 이른바 윤리·도덕 이론을 학생들에게 이해시킨다고 해서 인성이 바로 서지는 않을 것이다. 이론 교육이 불필요하다는 말이 아니다. 문제는 얼마나 적절히 이론 교육을 실시하는가 하는 점이다. 삶의 조건은 갈수록 팍팍해지는데 말로만 인성의 중요성을 강조한들 효과가 있겠는가. 거칠게 말하면 인성 훼손을 막기 위해서 자기보존을 포기하라는 주장이 될 수 있다. 과연 학생들 중 몇 명이나 자기보존을 포기하면서 올바른 인성을 위해 매진하겠는가? 요즘처럼 대학생들의 졸업 후 자기보존(취직)이 쉽지 않은 상황에서 말이다.

　타인에 대한 배려나 타인의 아픔을 함께 나누려는 마음을 키우지 않은 채 자기계발에만 매달릴 경우 진정으로 행복할 수는 없다는 사실을 스스로 절감하게 된다면 상황이 달라지지 않겠는가? 달리 말해 지금은 비록 더디게 가는 듯하고, 심지어 낙오자가 되는 것처럼 보이지만 타인의 아픔과 고통을 함께 나누려는 마음을 훼손치 않는 삶이야말로 행복에 이르는 첩경이라는 사실을 절실하게 느끼는 것이야말로 자연스러운 윤리·도덕 교육이 아닐까 생각한다. 이런 사실 때문에 '루소가 말하는 자족의 삶과 그러한 삶을 위한 교육'에 귀 기울일 필요가 있어 보인다. 무엇보다도 그가 말하는 청년기의 도덕·윤리 교육에 말이다.

　루소가 말하는 자족의 삶은 자기보존이나 자기계발에만 힘쓰는 삶이 아니다. '자기보존을 위한 노력'과 '타인의 고통에 아파하는 마음의 유지를 위한 노력'이 함께 추구되는 삶을 뜻한다. 루소에 따르면 그러한 삶이 인간의 본성에 충실한 삶이고, 자연이 인간에게 부여해준 본래의 모습이다. 달리 말하면 자기보존에만 골몰하는 사람은 언제든지 무개념남·

무개념녀가 될 수 있다는 얘기다. 루소는 그렇게 되지 않으려면 무엇보다 자연이 부여한 성향에 따르는 교육, 연령에 걸맞은 교육을 해야 한다고 말한다. 루소가 주장하는 교육이 궁금해지지 않는가? 그의 얘기에 귀를 기울여보자.

자연 상태의 인간은 '만인 대 만인의 투쟁'에 빠질 수밖에 없는가

누군가는 인간이란 본래 이기적 존재며, 자기보존을 위해서 끊임없이 욕망을 추구하는 존재라고 말한다. 홉스Thomas Hobbes가 대표적인 인물이다. 그가 보기에 욕망을 갖지 않는 인간이란 죽은 인간이다. 쉬지 않고 끊임없이 자신의 욕망을 실현하려는 것은 모든 인간의 본질적 성향이며, 이것은 오직 죽어서만 멈춘다고 그는 말한다. 홉스는 이른바 자연 상태(원초적 상태)의 인간을 이와 같이 서술한다. 그런데 문제는 욕망의 무한한 추구로 인해 자연 상태의 인간들은 서로 적대관계에 놓인다는 데 있다. 이른바 '만인 대 만인의 투쟁'의 상태이다.

이에 반해 루소Jean-Jacques Rousseau는 자연 상태에 대한 홉스의 주장은 인간 본성의 한 면만 보고 다른 한 면은 보지 못한 데서 생겨난 것이라고 말한다. 그에 따르면 자연 상태의 인간은 '만인 대 만인의 투쟁'의 상태에 빠지지 않는다. 루소는 자연 상태의 인간을 자족 상태의 인간으로 본다. 자족 상태의 인간은 흔히 생각하는 바와 달리 선善의 개념으로 특징지을 수 있는 인간이 아니다. 그는 선·악 이전 상태의 인간이다.

　루소는 자족 상태의 삶의 원리로 두 가지를 들고 있다. 하나는 자기보존의 원리이다. 다른 하나는 동포의 아픔과 고통을 달가워하지 않는 원리, 즉 동정심이다. 루소는 인간의 행복은 자신의 욕망을 무한히 추구하는 데서 실현되지 않는다고 말한다. 그에 따르면 행복은 자기보존과 동정심이 완벽한 균형을 이루는 데 있다. 그리고 완벽한 균형은 원초적 상태에서만 가능하다. 달리 말하자면 인간이 자연 상태에서 벗어나게 되면서부터 인간의 불행이 시작되었다.

　루소에 따르면, 인간은 다른 사람의 괴로움에 생득적인 반감을 지닌다. 즉 인간은 괴로워하는 인간에게 생득적으로 동정심을 갖는다. 동정심이란 자신을 '괴로움을 당하는 자'의 상태에 놓으려는 감정이다. 그것은 어떤 종류의 반성적 사유(이성적 사유)에 앞서는 것이며, 동물에게서조차 징후를 엿볼 수 있는 자연적 미덕이다. 그래서 루소는 설사 폭군으로 불리는 사람이라고 하더라도 다른 사람의 불행을 보고서는 눈물을 흘리는 광경이 종종 확인된다고 말한다. 특히나 제3자, 이른바 관찰자 입장에서 볼 때 그렇다고 말한다.

　동정심은 개인의 자기애self-love를 완화해줌으로써, 인류 전체의 상호 보존에 기여하는 자연적 정서이다. 루소에 따르면, 자연 상태의 인간은 이러한 감정을 결코 외면하지 않았다. 그런데 인간이 자기계발에 골몰하고, 그에 상응해서 인간들 간에 소유 관념이 생겨나면서부터 이 자연적 미덕이 크게 훼손되었고 시간이 지나면서 더욱더 외면당해왔다.

홉스의 말과 달리 자연 상태의 인간은 피를 부르는 전쟁에 말려들지 않았다고 루소는 주장한다. 자연 상태의 인간은 자유롭고 평화로우며 평등한 삶을 살았다는 것이다. 그런 자연인의 삶에 소유 개념이 생겨나면서 불평등이 야기되었고, 그로부터 법과 도덕이 정착되었으며, 이를 공고히 하기 위한 사회제도가 성립되었다고 루소는 주장한다. 이런 과정을 거치면서 자유롭고 평화로운 자족적 삶 대신에 불평등이 심화되는 불행한 삶이 이어져왔다는 것이다.

루소는 자연인과 문명인의 삶을 대비시킨다. 그러한 대비는 다음과 같은 언급에서 가장 극명하게 표현된다.

> 자연인은 안식과 자유만을 추구하고 한가로이 지내기를 바랄 뿐이다. 스토아학파의 아타락시아ataraxia도 자연인의 다른 모든 것에 대한 깊은 무관심에는 미치지 못한다. 이와 반대로 문명인은 항상 활동하면서 땀을 흘리고 불안해하며 더욱더 힘든 일을 찾아 끊임없이 번민한다.
>
> —《인간 불평등 기원론》, 주경복·고봉만 옮김, 책세상, 138쪽

그렇다면 왜 문명인은 늘 새로운 것을 찾아 애쓰지만 결국에는 자기 자신을 학대하는 데서 벗어나지 못한다는 것인가? 루소의 얘기를 더 들어보자.

'소유'에서
불행이 싹트다

오늘날 자기계발을 부정적으로 얘기하는 사람이 있을까? 이를테면 자기계발로 인해 삶이 질곡에 놓였다고 말하는 사람이 과연 있겠는가. 모르긴 해도 그런 얘기를 들으면, 대부분의 사람들이 게으르고 성취욕 없는 사회 부적응자의 변명에 불과하다고 생각할 것이다.

그런데 루소는 자기계발이 인간의 삶을 불행으로 이끈 요인이라고 말한다. 인간은 동물과 달리 자연법칙에 절대적으로 복종하지 않고 거기에서 벗어날 수 있는 능력을 지니고 있다. 문제는 인간의 그러한 능력이 개발됨으로써 어떤 일이 벌어졌는가 하는 데 있다. 루소에 의하면 인간의 동정심이 훼손되었다. 아울러 인간은 점차 자기 이익과 욕망의 추구에만 골몰하게 되었다.

인간은 자기계발을 통해서 개인 차원에서는 물론이고, 인류 전체의 차원에서 새로운 것을 획득해왔다. 즉 문화와 문명을 일구었다. 동시에 자신의 원초적 모습을 잃어버리게 되었다. 달리 말해 자기계발을 위협하는 특성을 지닌 것을 악덕이라고 부르고, 반대의 경우를 미덕이라고 부르게 되었으며, 그로 인해 인간의 불행이 시작되었다는 것이다. 그리고 소유 개념이 일반화되면서 돌아올 수 없는 강을 건너게 되었다고 루소는 보고 있다.

인간은 끊임없는 자기계발을 통해서 정착생활을 하게 되었으며, 이로부터 공동체(최초의 공동체는 가족)가 생겨나고 소유 관념이 생겨나게

인클로저 운동
공동체 생활을 하게 되면서 땅에 울타리를 두르고 '이 땅은 내 땅'이라고 선언하는 일이 벌어졌다. 이제 인간은 소유에 대한 열망으로 서로를 해치고 두꺼운 가면을 준비한다.

되었다. 인간이 가족을 형성하고 공동체 생활을 하게 되면서, 누군가 어떤 땅에 울타리를 두르고, '이 땅은 내 땅'이라고 선언하게 되었다. 이런 선언은 인간이 이른바 문명사회로 접어들게 되었음을 의미한다. 이와 더불어 인간은 도구를 갖고 생활하는 단계에 들어서게 되었다.

이와 같은 생활이 일반화되면서 모든 것이 평가되기 시작했으며 불평등이 심화되었다. 광대한 숲은 인간의 땀으로 적셔야 할 들판으로 변했으며 수확물이 증가함에 따라 비참 또한 증대되었다. 이제 인간은 진정한 필요성 때문이 아니라 소유를 늘려 남보다 우위에 서려는 열망 때문에 서로를 해치려 들었으며, 이를 더욱 확실하게 하기 위해 철저히 가면을 쓰는 일이 빈번해졌다. 이 모든 것이 소유 개념이 일반화되면서 진행된 일이다.

이러한 상황에서 부자에 대한 가난한 자의 공격과 저항에 대처하기 위해서 부자들은 교묘한 주장을 하게 된다. "각자에게 소유를 보장해주기 위해 단결합시다. 정의와 평화를 가져다주는 규칙을 정합시다." 이것이 바로 법의 기원이다. 이로 인해 소유와 불평등이 공고화되기에 이르렀다고 루소는 주장한다.

루소의 이와 같은 견해에 많은 사람들이 고개를 절레절레 흔들 수 있다. 그의 견해는 인류사 및 문명사를 너무 단순화했다며 손사래 칠 수도 있다. 혹은 문명사를 이렇게 지나치게 부정적인 시각에서 묘사해도 되느냐며 혀를 내두를 수도 있겠다. 하지만 그러한 비판에만 그칠 경우 루소의 견해에서 중요한 것을 놓치기 쉽다. 부자/빈자 간의 불평등, 그것도 날이 갈수록 심화되는 불평등이 인간의 본래 모습을 대변해주는 것은 아니고, 영구히 존속되어야 하는 것도 아니라는 사실이다. 달리 말해 루소가 말하는 자족적인 삶이 가능하다는 것이다. 실제로 지금도 아프리카나 남미 오지의 원주민들은 그렇게 살고 있지 않은가. 물론 완벽하게 일치하진 않더라도 말이다.

어떻게 하면 루소가 말하는 자족의 삶이 가능할까. 루소는 교육을 통해서 가능하다고 말한다. 그가 말하는 교육은 도대체 어떤 교육인가? 그의 주장을 계속 쫓아가 보자.

참교육으로
자연에 준해서 살아가는 법을 배우라

루소에 따르면 인간에게는 자기애 혹은 자기보존의 원리뿐만 아니라 동정심의 원리도 있다. 이 지구상에서 균형을 이루며 살아가도록 자연이 인간에게 부여해준 성향이다. 이런 자연스러운 성향에 따라 살아갈 때 인간은 행복할 수 있다. 그런데 애석하게도 이른바 문명인은 그런 생활을 하지 못한다. 일반적으로 문명인은 시간이 갈수록 동정심보다는 자기애에만 골몰하며 살아간다.

그렇다면 문명인에게 자연에 준해서 살 수 있는 길은 정녕 없는가? 루소에 따르면 그것은 교육을 통해서, 이른바 참교육을 통해서 가능하다. 그가 말하는 참교육은 무엇인가? 바로 자연의 목적에 부합하는 교육이다. 자연의 목적이란 '인위적으로 습관이 들게 하는 것'에서 벗어나게 하는 것이다. 달리 말해 우리의 습성에 의해 삐뚤어지기 이전의 상태에 머물도록 하는 것이 자연의 목적이고, 그러한 목적에 부합하는 교육이 루소가 추구하는 교육이다. 요컨대 자기애의 원리와 함께 동정심의 원리가 균형을 이룬 삶의 회복이 루소가 추구하는 교육의 목적이자 핵심이라 하겠다.

그리고 이것을 위해서 무엇보다도 필요한 것은 유년기(0~2세)·아동기(2~12세) 때의, 이성보다는 감성을 북돋우는 교육이라고 루소는 말한다. 그러한 교육을 통해서 자기애로 모두 환원되지 않는 삶의 원리, 즉 동정심이 있다는 사실이 일깨워진다는 것이다. 다른 사람의 아픔에 괴로워하며, 그와 똑같은 상태에 놓이고 싶어 하는 마음이 우리에게 있다는 사실은 이성을 통해 알 수 없다. 감성적으로 느낄 따름이다. 따라서 그런 마음이 완전히 훼손되지 않도록 하기 위해서는 감성을 최대한 발현시키는 교육이 중요하다고 루소는 말한다.

루소는 유년교육에서 신체 단련이 중요하다는 사실을 거듭 강조한다. 예를 들면 갓난아이를 배내옷에서 키우지 말 것을 역설한다. 배내옷에서 키울 경우, 아이의 자유로운 활동이 방해받고, 이로 인해 육체의 발육이 저지당함으로써 기형적인 인간이 될 가능성이 크다고 주장한다. 물론 이런 루소의 말을 곧이곧대로 받아들여야 할 필요는 없을지 모른다. 중요한 것은 어떻게 키워야 유년기의 감성이 극대화될 수 있는가 하는 점이다. 가능한 한 자연에 내맡긴 채 키울 때, 인위적인 것을 가급적 배제할 때 그럴 수 있다는 것이다.

아이들의 신체가 불규칙한 계절·기후·날씨는 물론이고 배고픔·갈증·피로에 익숙해질 수 있도록 단련시켜야 한다거나 냉·온욕을 통해서 몸을 단련시킴으로써 외부 온도 차이에 거의 영향을 받지 않고 생활할 수 있게 하라는 주장 역시 같은 맥락에서 봐야 한다. 즉 루소는 어떻게 키워야 아이의 감성을 극대화할 수 있는가에 초점을 맞춘다. 그러한 감성교육의 극대화 자체가 목적이 아니다. 그렇게 함으로써 자연이 부여해준 인간의 본래 모습에서 가능한 한 벗어나지 않은 삶이 가능하다는 데에 본래적 의의가 있다 하겠다.

루소는 자신의 아이를 제대로 교육시키려면 우선 아이의 육체적 힘과 감각 기관들을 훈련시키라고 말한다. 그는 또 최초의 철학 선생은 우리들의 발이고, 손이며, 눈이라고 말한다. 그는 우리들 속에서 형성되고 완성되는 최초의 능력은 오감五感이며, 오감의 육성은 체력훈련과 떼어놓고 생각할 수 없다고 주장한다. 즉 체력단련을 통해 오감이 풍부해질 수 있도록 아이들을 훈련시켜야 한다는 것이다. 아이들은 이렇게 교육받았을 때, 감성을 제대로 기를 수 있고, 자연이 부여한 본성에서 벗어나지 않는 인간으로 성장할 수 있다는 말이다.

이런 관점에서 루소는 자연 치유를 강조한다. 그는 너무 투박하다 싶은 주장을 거침없이 쏟아낸다. 의사에 의해 완치된 한 사람 뒤에는 의사의 손에 죽은 100명의 사람이 있다는 사실을 명심해야 한다고 주장한다. 의술이 소수의 사람들에게는 유익하다는 사실을 부인하지 않지만, 인류 전체에게는 유해하다는 것이다. 심지어 그는 "인간의 마음을 타락시키고, 또 인간에게 진정으로 죽는다는 사실을 두렵게 만드는 것은 의사들의 처방과 철학자들의 교훈과 성직자들의 설교"라고까지 말한다. 확실히 위험한 상태에 있지 않는 한, 아이를 위해서 결코 의사를 부르지 말라고까지 말한다. 가능한 한 인위적인 교육을 멀리하는 것이 바람직하다는 것이다. 특히나 유년기에는 말이다.

조기교육, 특히
조기 언어교육은 독이다

우리 사회에서 조기에 아이에게 영어 교육을 실시하는 것은 별 실효성이 없을뿐더러 심지어 경우에 따라서는 독을 심어주는 것이나 진배없다고 한다면 사람들은 어떤 반응을 보일까? 모르긴 해도 세상을 몰라도 한참 모르는 사람이라는 소릴 듣기 십상일 것이다.

그렇지만 루소는 이렇게 말한다. 조기교육은 아이에게 치명적일 수 있다고. 한 인간의 영혼을 파괴시킬 수도 있다고 말이다. 특히나 그는 조기 언어교육은 금물이라고 말한다. 루소가 이렇게 말하는 이유는 무엇인가?

루소는 적당한 연령이 되기 전에 서둘러 말을 배우게 하지 말라고 말한다. 그에 따르면, 아동기(2~12세) 어린아이가 쓰는 어휘는 의미를 알지 못하고 소리만 내는 것에 불과하다. 언어는 의미를 알고 사용할 때 진정으로 자기 언어가 된다. 즉 언어는 단순한 기호의 사용이 아니며 상응하는 관념(의미)을 동반한다. 그런데 어린아이들은 그 관념을 갖지 못하고서도 앵무새처럼 재잘거린다. 조기 언어교육은 지구본으로 세계지리를 공부시킬 수 있다는 주장과 똑같다는 것이다.

작은애가 초등학교 1, 2학년 때의 일이다. 새로운 학기가 시작될 무렵만 되면 한자 학습에 열을 올렸다. 주기적으로 평소와 다른 모습을 보이기에, 하루는 왜 그렇게 열심히 한자를 익히느냐고 물었다. 한자 자격시험을 보기 위해서란다. 한편으로 말리고 싶었지만, 괜히 애 기죽인다는 소리 들을까 싶어 그냥 넘어가곤 했다.

그런 일이 몇 차례 반복되던 어느 때였다. 책을 보고 있던 녀석이 내게 다가왔다. 한자가 제법 들어 있는 책이었다. 잠시 머뭇거리더니 난데없이 한자 하나를 가리키며 무슨 글자냐고 물었다. 순간 나는 녀석이 장난을 치려는 줄 알았다. 왜냐하면 이른바 기초생활한자 중 하나였기 때문이다. 그런데 이게 웬일인가? 3급인가 4급 자격증을 딴 녀석이라고는 도저히 믿기지 않을 정도로 기초생활한자를 모르는 것이었다. 갑자기 학창 시절 벼락치기로 시험을 치른 뒤, 며칠이 지나면 죄다 잊어버렸던 일이 떠올랐다. 작은애는 루소가 말한 것처럼 의미는 전혀 모른 채로 소리만 내는 데 불과한 한자 학습을 했던 것이다.

더 중요한 것은 최근 들어 한자 공부를 시켜보려고 하면, 거의 알레르기 반응을 보인다는 점이다. 지난 겨울방학 때였다. 하루 일과표를 스스로 짜보라고 했더니, 공백으로 비워둔 시간이 의외로 많기에, 아빠와 한자 익히기를 하면 어떻겠느냐고 제안했다. 반기는 기색도 아니었지만 그렇다고 절대 못 한다는 뜻을 보이지도 않아 제안을 실행에 옮겨봤다. 며칠은 곧잘 하는 것처럼 보였다.

그런데 시간이 지나면서 좀처럼 이해되지 않는 일들이 벌어졌다. 과거에 이미 학습했던 기초한자들을 몇 차례씩 반복해서 써본 뒤에도 제대로 익히지 못하는 게 아닌가? 평소의 모습과 너무 달라 몇 마디라도 잔소리를 늘어놓으면 진절머리를 내는 것이었다. 더 이상 지속했다간 속된 말로 애 잡을 것 같아 중단하기로 마음먹었다. 그리고 곰곰이 생각해 봤다. 자격시험을 빙자해 내키지도 않는 한자 외기에 골몰했던 것이 일종의 독으로 작용한 게 아닌가 하고 말이다.

루소는 말한다. 어린이 교육을 할 때는 가능한 한 시간을 낭비하라고. 그것이 나중에 높은 이자를 받게 되는 교육이라고. 서두르는 의사가 환자를 죽일 수 있듯이, 때 이르게 어린이를 성숙시키려는 조급증은 돌이킬 수 없는 악덕을 심어주는 것과 같다고.

벌써 5년을 훌쩍 넘긴 오래전의 일이다. 가족들과 제주도 여행을 갔을 때였다. 해안가 펜션에 머물렀는데 주변 경치가 정말 끝내줬다. 그곳에서 마지막 밤을 보내고 아침에 짐을 싸서 막 이동하려는 순간이었다. 너무도 기가 막힌 광경이 눈에 들어오는 게 아닌가. 서둘러 두 아들을 불러 세워 놓고선 카메라 셔터를 눌러댔다. 제멋대로 뛰어노느라 정신이 없던 녀석들은 입이 나올 대로 나왔다. 난 그런 애들에게 차분하게 또박 또박 말해줬다. "애들아, 너무 근사하지 않니? 저 해안의 곡선 하며, 그 곡선과 절묘하게 조화를 이룬 기암괴석 말야. 어디 그뿐이니, 햇빛에 반사된 물결은 또 어떻고."

그런데 이게 웬일인가? 녀석들 표정은 더 마뜩찮게 변해갔다. 은근히 화가 났다. 아니 이렇게 멋들어진 광경을 보고서, 그것도 아빠가 설명을 곁들여주었는데도 어떻게 저럴 수 있담? 이런 생각이 들자 더 열을 올려 애들에게 그 광경의 아름다움을 이해시키려 들었다. 별 효과가 없음을 녀석들의 표정을 통해 여실히 느끼면서도 말이다.

이런 일도 있었다. 큰애는 초등학교 입학 전에 그림을 곧잘 그렸다. 나는 그런 모습을 보면서 흐뭇해했고, 시간이 허락되면 녀석을 데리고 미술관을 찾곤 했다. 처음엔 어린이 미술작품전만 골라 다니다가 조금 뒤부터는 이것저것 가리지 않고 명화전이 열리는 곳이면 어디든 데리고 다녔다. 그때마다 상세히 작품을 설명해주곤 했다. 그러면서 은근히 녀석이 자신의 미술 재능을 세상에 드러내주길 바랐다. 아니 최소한 미적 감각이 또래 아이들보다는 월등히 앞서가리라 생각했다. 그런데 어찌 된 일인지 초등학교 3~4학년경부터는 미술관에 가자고만 하면 꽁무니를 뺐고, 그림 그리기는 아예 뒷전이었다. 난 그럴 때마다 장황한 이야기로 아이를 설득해 미술관에 데려갔고, 그림을 그려보라고 독려하곤 했다. 물론 어느 때부턴가 나 자신이 그 일에서 손을 놔버리긴 했지만 말이다.

그런데 아이들의 심미안을 일깨워주고 예술 감각을 풍부하게 만들어주려 했던 나의 말과 행동들이 그 정도에서 그쳐 천만다행이라고 절감하게 되었다. 그것도 우연한 계기를 통해서.

　어느 때부턴가 큰애가 이어폰을 귀에 꽂은 채 팝송을 흥얼거리곤 했다. 아마도 중학교 1학년 후반쯤이었던 것으로 생각된다. 중3이 되면서부터는 그 시간이 상대적으로 대폭 늘어났다. 그러던 어느 날 자정이 가까운 시간인데도 녀석이 팝송을 흥얼거리는 게 아닌가. 너무 늦었으니 노래는 그만하라고 할까 하다 꾹 참고 내가 먼저 잠을 청했다.

　그런데 사흘이 지나고 나흘이 지나도 그런 상황이 반복되는 것이었다. 아내를 채근했다. 너무 늦었으니 그만하고 잠자리에 들라 이르라고. 이내 집 안은 고요해졌다. 그리고 며칠이 지났다. 나는 며칠 전 일은 까맣게 잊고 있었다. 저녁 때 집에 들어가니 아내가 재미있는 일이 있다면서 연신 까르르 웃는 게 아닌가. 무슨 일이냐고 묻자, 한참 뜸을 들이더니 얘기했다. 큰애가 자기 학교 팝송대회에 나갔다는 것이었다. 나도 모르게 웃음이 나왔다. 그리고 지난 며칠간 왜 그렇게 늦은 시간에 흥얼거리며 팝송을 불렀는지 이해가 되었다.

　그런 일이 있고 나서 얼마 지나서 않아서였다. 우연치 않게 애들을 데리고 노래방엘 가게 되었다. 그런데 이게 웬일인가? 큰애 노래 실력이 시쳇말로 장난이 아니었다. 깜짝 놀랐다. 녀석의 노래가 그 정도일 줄은 꿈에도 생각하지 못했기 때문이다. 무엇보다 노래를 부르며 즐겁게 놀 줄 아는 모습에 놀랐다. 그 점에서 녀석이 나보다 훨씬 나았다.

　노래를 마치고 노래방에서 나오는 순간 입이 근질근질해졌다. 음악에 대한, 놀이에 대한 내 생각을 녀석에게 이해시키고 싶은 생각이 들었던 것이다. 하지만 꾹 참았다. 옛 일들이 떠올라서. 그리고 속으로 생각했다. '다 때가 있는 법인데. 그것도 모르고 괜한 얘기들을 늘어놓아 미적 감각은커녕 애들한테 독을 심어준 거나 아닌지 모르겠네. 아무튼 음악엔 개입하지 않았으니 그나마 얼마나 다행인가'라고 말이다.

도덕교육은 이성으로 이해하는 교육이 아니라, 가슴으로 느끼는 교육이어야 한다

루소가 유년기나 아동기 때 육체 단련을 강조한 이유는 육체 단련 자체가 중요하다고 생각했기 때문이라고 할 수는 없다. 자연이 부여한 조화를 가능한 한 상실하지 않는 인간을 길러내기 위해서, 즉 그런 인간의 삶을 위해서라고 할 수 있다. 결국 지혜롭고 정신이 제대로 박힌 인간을 길러내기 위해서라는 말이다. 이러한 루소의 생각은 청년기 교육에서도 계속 견지된다. 즉 그는 시종일관 걸맞은 교육을 통해서 자연이 부여한 조화를 크게 훼손하지 않는 인간을 길러내야 한다고 주장한다.

루소가 보기에 인간의 지능엔 한계가 있다. 고로 지능이 빨리 계발되면 조로하게 된다는 것이다. 그가 청소년기(12~15세)에도 서재의 철학을 거부하고 경험을 중시하는 이유도 여기에 있다. 너무 일찍 이성이 개발될 경우 정작 이성을 발휘해야 할 경우에 그렇게 하지 못하는 것을 염려한 주장이라고 볼 수도 있다. 그는 말한다. 보잘것없는 지식 때문에 영혼의 심연이 파헤쳐질 수 있다고. 그러니 그런 일로 정신이 나가지 않도록 하라고. 이런 루소의 말을 들으면, 오늘날 한국의 청소년들이 한 줌의

조지 이네스, 〈떠가는 구름〉, 1876

루소가 말하는 자연은 목가적인 자연 그 이상이다. 그는 홉스와 달리 인간 본성이 이기심으로 다 환원되지 않는다고 보았다. 그에 따르면 인간은 이기심 못지않게, 타인의 고통이나 아픔을 보고 함께하려는 본성을 지니고 있다. 이 측면이 균형을 이룬 모습이 루소가 자연 혹은 자연상태라는 말로써 전달하려 했던 핵심이라고 할 수 있다. 그는 인간의 이런 모습이 가능한 한 훼손되지 않는 삶을 실 것을 주장한다.

지식을 얻는 대가로 영혼에 깊은 상처가 생기는 사태를 주저하지 않는구나, 싶을 때가 한두 번이 아니다.

그는 청소년기에도 책을 읽히기보다는 생각을 많이 하게 하라고 주문한다. 그러면서 말한다. 책을 읽는 어린이는 생각하지 않고 책을 읽는 것뿐이라고. 지식을 몸에 지니지 않고 낱말들을 배울 뿐이라고. 그의 요지는 '걸맞은 이성'의 자리에 어떤 권위(책의 내용)가 들어서서는 안 된다는 것이다. 자기 스스로 생각할 수 있도록 최대한 독려해야 한다는 것이다. 제대로 소화할 수 있는 상태에서 책을 읽어야 한다는 뜻이다. 그래야 정작 책을 많이 읽어야 하는 시기에 제대로 읽을 수 있다는 것이다. 아무리 훌륭한 책이라 하더라도 독자가 소화해낼 수 있는 적령기가 아닌 상태라면 읽지 않고 생각을 더 깊게 하는 편이 낫다는 말이다.

루소에 따르면 청년기(15~20세)는 제2의 탄생기이다. 진정한 의미에서 인간이 삶을 영위하는 시기이다. 그는 청년기의 교육과 관련하여 열정passions을 북돋우는 교육을 강조한다. 그것을 근절해서는 안 된다고 말한다. 물론 모든 열정을 북돋아야 한다고 말하는 건 아니다. 이를테면 사랑에 대한 과도한 열정은 우리를 파멸로 이끌 수 있다고 주장한다. 루소가 강조하는 열정은 자기보존의 열정이다. 이는 자연스러운 것이다. 자기보존의 열정은 자기 자신을 사랑하는 것과 떼어놓고 얘기할 수 없다. 더 나아가 자기를 보호해주는 사람에 대한 사랑과도 떼어놓을 수 없다.

그래서 루소는 사랑의 감정(이성에 이끌리는 감정)을 독려하는 교육을 해야 한다고 말한다. 이성에 대한 사랑의 감정은 자연스러운 감정의 표출이다. 사랑이란 자연의 규율이다. 사랑하는 대상이 생기면 다른 대상에 아무런 가치를 느끼지 못하는 것은 자연스러운 일이다. 물론 사랑으로 인해 불화, 미움이 생기기도 한다. 즉 사랑하되 노예가 되어서는 안 된다고 그는 강조한다.

루소는 '이성에 이끌리는 감정'을 북돋우는 교육이 청년기에 이뤄져야 한다고 하면서도 성에 대한 교육에 대해서는 조심스러운 입장을 취한다. 그보다는 인류애에 대한 교육이 앞서야 한다고 주장한다. 성교육에 앞서 인류애를 배운 사람은 감동의 눈물을 흘릴 줄 안다고 그는 말한다. 그런 사람은 자기가 입힌 상처를 보고 고통스러워하며, 자신의 과실을 바로잡을 줄 알며, 타인에 대해서도 관대하다고 주장한다. 청년기는 연민의 시대, 인자의 시대, 아량의 시대이며, 우리는 이에 걸맞은 교육을 실행해야 한다는 것이다.

루소가 말하는 인류애란 기쁨보다는 고통에 동참하는 것을 말한다. 이와 더불어 그는 인간은 누구나 다 고통스러워하고 슬퍼한다는 사실을 알아야 한다고 주장한다. 이 세상에 자기와 똑같은 존재가 있어서, 그가 괴로워하는 것은 그들도 괴로워하고, 그가 느끼는 고통은 그들도 느낀다는 것을 알아야 한다고 루소는 말한다. 그래야 타인의 고통을 헤아릴 줄 안다는 것이다.

이런 맥락에서 루소는 주장한다. '인민을 존중하라'고 가르치라고. '모든 사람을 사랑하라'고 가르치라고. '인간을 경멸하는 사람들까지도 사랑하라'고 가르치라고. 물론 서둘러 슬픔과 고통의 감정을 갖도록 해서는 안 된다고 그는 말한다. 허영의 감정을 갖게 해서는 안 된다는 것이다.

훌륭한 교육의 가장 좋은 계율의 하나는 가능한 한 그것을 늦추는 일이라고 그는 역설한다. 스스로 터득하도록 가르치라는 말이다.

루소는 이러한 교육의 연장선상에서 비로소 올바른 도덕교육을 실시해야 한다고 주장한다. 루소의 주장은 '정의'나 '선'에 대한 주장과는 거리가 멀다. 타인의 불행(인류 모두의 불행)을 알 수 있게 하고, 세상이 얼마나 인간을 타락시키고, 사람들이 얼마나 가면을 쓰고 살아가는지를 알게 하라는 것이다. 착한 사람은 웃음거리가 되기 십상이라는 것을 알게 하고, 역사의 기술이란 허위이기 일쑤라는 사실을 알게 하라는 것이다.

이와 관련하여 루소의 주장에서 흥미로운 것은 세상의 타락을 관찰자 입장에서 보게 하라는 것이다. 그렇게 되면 세상의 타락을 보고 분개하며, 그렇게 변한 인류의 모습을 보고 슬픔에 잠길 거라고 그는 말한다. 그럴 때 도덕교육이 수학공식이 되지 않고, 가슴이 뛰는 살아 있는 교육이 된다는 것이다. 이럴 때 비로소 이기심으로 환원되지 않는 이타심이 있다는 것을 알 수 있다고 그는 말한다. 이렇게 교육이 행해질 때에야 이기심에 매몰되어 악행을 저지르는 사람을 보면서 그래선 안 된다는 마음을 자연스럽게 갖게 된다는 것이다. 루소는 이것이 자연의 원칙에 따르는 도덕교육이라고 말한다. 그래야 삶이 황폐화되지 않는다는 것이다. 달리 말해 그러지 못할 때, 너나 할 것 없이 무개념남·무개념녀가 되는 건 사실상 시간문제라는 것이다.

성공 비법을 터득하는 데만 골몰하면
누구나 무개념 남녀가 될 수 있다

지금으로부터 꼭 10년 전 1년간 독일에 머무른 적이 있다. 그리고 그해 여름 가족과 함께 3박 4일 일정으로 스위스 여행을 갔다. 우리 가족은 스위스 사람을 남편으로 둔 한국인이 운영하는 민박집에 머물렀다. 거실의 커다란 창문을 통해 알프스 산 정상의 만년설을 1년 내내 만끽할 수 있는, 동화책 속에서나 나올 법한 정말 죽여주는 집이었다. 그 집에 머문 지 이틀째 되던 날 집주인과 저녁을 함께 하게 되었다. 정확하게 말하자면 그들이 우리 가족을 저녁식사에 초대했다. 말도 잘 통하지 않는 데다 낯선 게 한둘이 아니어서 처음엔 서먹서먹하기 이를 데 없었다. 그런데 와인이 몇 잔 오가자 금방 분위기가 달라졌다.

그 집 바깥주인의 직업은 케이블카 수리공이었다. 상당히 내성적인 사람으로 보였으나 와인이 들어가자 언제 그랬냐는 듯 쾌활하게 말을 건넸다. 그가 했던 말 중에 기억나는 건 많지 않은데 자신의 일에 더할 나위 없이 만족하고 있다는 말은 잊히지 않는다. 그 말을 듣는 순간 처음엔 위세를 부리는 게 아닌가 하는 생각이 들었다.

그런데 정말 만족하느냐는 자못 진지한 물음에 '물론'이라고 답하면서 그가 지어 보였던 표정은 '만족한다'는 말이 허세가 아님을 웅변해주고 있었다. 이야기를 더 나누다 보니 그는 자신의 일에 상당한 자긍심을 갖고 있었으며, 부의 축적이나 더 높은 사회적 지위를 위해 전전긍긍하지 않으며 살고 있음을 분명히 느낄 수 있었다. 사실 그의 삶이 부럽게 여겨질 때가 종종 있었다. 그의 삶이 루소가 말하는 자연인의 삶이라면, 내 삶은 문명인의 삶처럼 여겨졌던 때가 종종 있었다는 말이다.

이뿐만이 아니다. 한 가지가 더 있다. 그 집 애들의 뛰노는 모습이 루소가 《에밀》에서 말하는 유년기·아동기의 모습과 너무도 흡사했기 때문이다. 그 집 큰애는 우리 큰애와 동갑이었고, 작은애는 우리 작은애보다는 두 살이 위였다. 그 집 애들은 하루 종일 알프스 산 이곳저곳을 자유자재로 누비고 다녔다. 아니 우리 애들의 관점에서 보자면 온종일 뛰어다녔다. 이리저리 뛰놀다 나무를 타고 싶으면 자연스럽게 나무를 탔다. 마치 원숭이가 나무를 타는 것처럼. 어쩌다 나무에 로프가 달려 있기라도 하면 타잔처럼 로프를 탔다. 그러다가 어느 틈엔가는 나뭇가지를 꺾어 피리를 만들어 불었다. 그런가 하면 온갖 꽃들이 만발한 꽃밭으로 가서 곤충이나 새들과 한 몸이 돼서 어울렸다. 너무도 자연스러웠다. 또 자신들이 갖고 있는 게 무엇이든 우리 애들이 좀 달라고 하면 생색 내는 일 없이 선뜻 내주곤 했다.

물론 그 아이들에게는 내일까지 풀어가야만 하는 수학 문제가, 다음 주까지 읽어가야 하는 위인전이 없었다. 자연이 그들의 교사였고, 그 교사의 가르침에 따라 아이들은 손발을 움직여 자신들의 오감을 자연스럽게 훈련시키며 생활하고 있었던 것이다. 루소가 말하는 자연인의 후예가 따로 없었다. 그 애들의 뒤꽁무니를 졸졸 따라다니며 해맑게 웃던 우리 애들의 모습이 아직도 눈에 선하다. 가끔 학과 공부에 힘들어하는 우리 애들의 모습을 볼 때마다 그때 모습이 새록새록 떠오르곤 한다.

스위스 사람들 전부가 내가 묵었던 민박집 주인처럼 살고 있지는 않을 것이다. 또 우리나라 사람이라고 해서 자족의 삶을 살고 있는 사람이 없지도 않을 것이다. 그럼에도 불구하고 분명한 사실이 있다. 스위스에서건 어디에서건 자기보존 자체가 위협받는 상황에서라면 이른바 자족의 삶을 추구하기는 사실상 불가능하다는 것이다. 고학력과 명문 학벌이 아니면 자기보존 자체가 위협받는 상황이었다면 내가 만났던 스위스 민박집 주인의 모습은 보기 어려웠을 거라는 말이다.

만사 제쳐놓고서라도 고학력과 이른바 명문 학벌에 목을 매려는 사람들을 무작정 나무랄 수 없는 이유가 여기에 있다. 학력과 학벌이 삶의 조건에 너무도 큰 영향을 미치는 사회에서 우리가 살고 있기 때문이다. 어디 이뿐인가? 잠시라도 자기계발을 소홀히 하면 언제라도 도태될 수밖에 없다는 말이 난무하고 있다. 사실 끔찍한 말이다. 아프리카 오지나 남미 오지에 사는 원주민들을 우린 미개인 혹은 야만인이라고 부르곤 했다. 아직도 적지 않는 사람들이 그들을 그렇게 부른다. 그런데 정말 곰곰이 생각해볼 일이다. 이른바 문명의 이기를 누리지만 끊임없는 자기계발의 압박 속에서 살면서 구성원이 언제 도태될지 모르는 사회가 야만에 가까운가, 그렇지 않으면 문명의 이기는 누리지 못하지만 구성원 모두가 자족의 삶을 사는 사회가 야만에 가까운가? 요컨대 지금과 같은 삶의 조건에서 자족적인 삶과 그런 삶을 위한 교육을 한국 사회에서 곧바로 기대하기란 쉽지 않아 보인다. 달리 말해서 표면적으로 드러나지 않았을 뿐이지 우리 사회는 잠복해 있는 무개념 남녀로 넘쳐나고 있다고 해도 지나치지 않다. 물론 우리 사회가 앞으로 루소가 말하는 자족의 삶에 가까운 사회로 가지 말란 법은 없다.

여하튼 사회가 갈수록 각박해지고, 그런 점에서 야만으로 후퇴하고 있다고 해서 무개념 남녀의 삶이 옹호될 수는 없다. 사회구조 때문에, 그리고 그에 상응하는 사회 분위기 때문에, 내 삶을 황폐화된 삶으로 방치해야 하는 건 아니라는 말이다. 그래서 감히 충고해본다. 자기보존에만 전전긍긍해서 타인의 고통에 아파하는 마음을 내버리지는 말라고. 무엇보다 남들보다 자기계발이 뒤처졌다고 초조해하면서 혹은 남들보다 앞서야 한다고 조급해하면서 성공 비법을 터득하는 데, 그것도 자기 몸에 맞지도 않는 성공 비법을 터득하는 데 골몰해서 시간을 허비하지는 말라고. 타인의 고통을 보고 자기도 모르게 북받쳐오르는 자연스러운 동포애, 인류애의 감정을 시간이 갈수록 좀스러워지는 자기애로 뒤덮으려고 하지는 말라고. 볼썽사나운 무개념 남녀가 되지 않으려면 말이다.

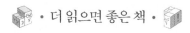

장 자크 루소, 《인간 불평등 기원론》, 주경복 · 고봉만 옮김 (책세상, 2003)

문명사의 전개에 대한 기존의 관습적 견해에 정면으로 도전하는 루소의 열정이 잘 담긴 저작이다. 루소에 따르면, 문명사의 전개는 한마디로 인간 불평등의 심화 과정이자 불행이 심화되는 과정이다. 루소는 흔히 생각하는 것과 달리 인간들 사이의 불평등이 인간의 본성에 기인하는 본래적인 것이 아니라 문명사의 전개에서 생겨난 일종의 부산물이라는 사실을 강조한다. 이러한 주장을 설득력 있게 전개하기 위해 루소는 불평등 이전의 상태인 이른바 '자연 상태'에 관한 가설을 제시한다. 루소의 사상을 제대로 이해하려면 《에밀》과 함께 반드시 읽어야 하는 책이다. 일반 독자들이 읽기에 어려움이 없으며, 특히 이 번역본에 실린 옮긴이 해제 〈인간은 평등하게 태어났으나 도처에서 불평등에 시달리고 있다〉는 루소의 사상을 체계적으로 이해하려는 사람들에게 큰 도움을 줄 것이다. 책 말미에 수록된 '더 읽어야 할 자료들'도 루소에 대한 깊이 있는 이해 및 독서에 유용한 지침이 된다.

장 자크 루소, 《에밀》, 박호성 옮김 (책세상, 2003)

루소의 저작 중 가장 중요한 작품이 《에밀》이라는 데 이견을 보이는 사람은 찾아보기 어렵다. 이 번역본은 《에밀》의 제1부를 옮긴 것이다. 문명의 전개에 담긴 어두운 측면을 예리하게 포착한 루소가 보기에 이 어둠으로부터 벗어난 삶의 유일한 가능성은 참교육에 있다(이성만이 아니라 이성과 감성이 조화를 이루는 삶을 모색해야 한다). 이 교육에 대한 루소의 견해를 상세하게 기술한 책이 바로 《에밀》이다. 오늘날 인류가 전대미문의 위기에 놓인 상황을 생각할 때,《에밀》의 내용은 의미심장하다. 책 전체를 읽으면 좋겠지만, 여의치 않다면《에밀》의 전체 내용을 관통하는 핵심을 담고 있는 1부만이라도 숙독하기를 바란다. 이 독서는 루소 사상에 대한 깊이 있는 이해, 그 이상의 의미를 지닌다. 이 번역본의 해제 〈문명과 자연의 조화〉와 '더 읽어야 할 자료'는 루소 이해를 위한 훌륭한 길잡이 역할을 해줄 것이다.

이용철,《루소—분열된 영혼》(태학사, 2006)

사상가에 대한 평가는 종종 양극단을 달린다. 그러나 루소만큼 극명하게 대립되는 평가를 받는 이도 드물다. 한편에서 그는 극단적인 개인주의 옹호자로 간주되는 반면, 다른 한편에서는 국가사회주의의 선구자로 일컬어지기도 한다. 이러한 평가는 사상가·저술가 루소와 인간 루소 간의 불일치로 인해 더욱 첨예화된다.《에밀》을 통해 참교육, 그것도 유년기의 참교육의 중요성을 역설한 그가 자신의 아이들을 고아원에 맡긴 일이 대표적이다. 이 책은 루소의 이런 모순적인 두 측면을 봉합하는 이정표를 제시하기 위해서 쓰였다. 루소의 내면의 모습을 선명하게 보여주는 일화 등을 중심으로 전개되는 이 책은 루소의 사상을 보다 깊이 있게 이해하는 데 도움을 줄 것이다.

이 책들에 이어《신엘로이즈》(서익원 옮김, 한길사, 2008)와《사회계약론》(이환 옮김, 서울대학교출판부, 1999)까지 읽는다면 루소 사상을 거의 섭렵했다고 해도 지나치지 않을 것이다.

내 삶의 주인이 되지 못하면 우리는 모두 마이너리거다

책이 세상의 빛을 보기 위해 마지막 숨을 고르는 사이 산에 올랐다. 망울을 터뜨리는 꽃들로 치장을 막 시작하는가 싶었던 도심의 경관은 어느새 녹음으로 뒤덮인 황홀한 자태를 한껏 뽐내고 있었다. 불과 며칠 전의 자기 모습을 뇌리에서 지워버리라고 속삭이면서. 생뚱맞다 싶은 곳에 벤치가 놓여 있었다. 잠시 쉬어갈 요량으로 무거워진 몸을 걸쳤다. 주변이 부산스럽지 않아 좋았다. 바람이 들려주는 녹음교향곡이 오랜만의 산행으로 경직된 근육을 부드럽게 이완시켜준다. 그러자 지난 몇 개월간의 일들이 주마등처럼 스쳐지나갔다.

이른바 자기계발에 관한 담화들이 난무하는 시대다. 이 사람 저 사람이 제시하는 지침을 열심히 좇다 보면 정작 자신의 문제는 무엇이고, 뭘 계발해야 하는지 헷갈린다고 말하는 사람들이 적지 않다. A가 제시하는 얘기를 좇다 넘어져 생긴 상처와 고통은 B가 제시하는 지침으로 아물게 해보고, B로 인해 생긴 박탈감은 C로 덮어버리는 일을 몇 차례 하다 보면, 중독 아닌 중독 상태에 빠지게 된다는 말이다. 이를 자기계발 증후군이라고 불러도 될지 모르겠다. 여하튼 이로 인한 혼란과 무력감을 호소하는 사람들이 의외로 많다. 자신의 중독 상태를 인지하지 못한 채 그저 정신없이 이 얘기 저 얘기를 좇는 사람들까지 합치면 그 수는 부지기수라 해도 틀리지 않을 게다.

자기 삶의 롤 모델을 찾아 그를 닮아가려고 하는 것은 동서고금을 막론하고 볼 수 있는 인간의 자연스러운 모습이다. 그럴 경우 심지어 자기도 모르게 닮고자 하는 사람의 몸짓 손짓 하나하나를 따라 하기도 한다. 누군들 이를 폄하할 수 있겠는가. 문제는 자연스러움을 잃고 무작정 따라 하려는 데서 생긴다. 주변의 분위기, 사회 분위기에 휩쓸려서 말이다. 이때 이른바 가치의 전도가 발생한다. 세상이 말하는 자기계발의 지침이 주가 되고 내 삶이 거기에 종속되는 현상이 일어난다는 얘기다. 내 삶의 주인으로 우뚝 서지 못한 사람들, 그들을 마이너리거라고 부르려 한다. 그렇기 때문에 여기서 말하는 마이너리거는 세상 사람들이 부러워하는 학력, 직업, 지위 혹은 부를 획득한 이들과 무관하다. 우리 모두가 마이너리거일 수도 있지만, 그 누구도 마이너리거가 아닐 수 있다는 말이다.

철학은 말한다. 마이너리거들에게. 자기 삶의 주인으로 우뚝 서라고. 설사 영 어색하고 서툴고 어설퍼 보여도 그 첫걸음을 과감히 내디뎌보라고. 그러나 철학은 마술이 아니다. 이것만 알면, 이것만 행하면 자기 삶의 주인이 될 수 있는 요술 방망이가 있다고 말하지 않는다. 철학은 산이다. 그 산은 말한다. 늘 깨어서 중단 없이 트레킹을 하지 않으면 언제든 마이너리거로 전락할 수 있다고. 너나 할 것 없이 말이다.

여기에 마련된 철학 산행로는 자기 삶의 주인이 되고 싶어 하는 사람들 혹은 자기 삶의 주인이 되는 것을 잊고 사는 사람들에게 자신이 어디에 서 있는지를 환기하는 촉매제 그 이상도 이하도 아니다. 정말 자기 삶의 주인으로 우뚝 서기 위해서는 여기서 제시하는 봉우리에 오르는 것으로 그쳐서는 안 된다. 여기에 꾸며놓은 산행로를 디딤돌 삼아 자기만의 산행로를 만들어 그 길을 따라 트레킹을 할 수 있어야 한다는 얘기다. 그때 여기 마련된 산행로는 폐쇄해도 전혀 문제가 없을 것이다. 아니 폐쇄해야 마땅할 것이다.

마침표를 찍기 직전 잠시 혼란스러움을 겪었다. 출발할 때 가졌던 마음을 잠시 놓쳤던 것이다. 책세상 식구들의 격려가 없었다면 아마 엉뚱한 데서 마침표를 찍었을지도 모른다. 감사의 마음을 전하지 않을 수 없다. 책의 성격상 글을 작성하는 데 도움이 됐던 자료와 그 자료의 저자들을 일일이 밝히지 못했다. 그분들 모두에게 감사의 마음을 전한다. 특히 김상환, 편상범 선생님께 감사를 드리고 싶다. 데카르트(김상환)와 프로타고라스(편상범)에 대한 두 분의 선행 작업이 없었다면, 이 책은 적어도 지금의 모습과는 많이 달랐을 것이다. 두 분께 깊은 감사를 드린다. 그리고 정창호 형에게 특별히 고마움을 전한다. 글 쓰다 지칠 때마다 늘 어놓은 넋두리 다 받아줘서. 고현범 박사에 대한 고마움도 빼놓을 수 없다. 고현범 박사가 없었다면, 이 책이 책세상에서 빛을 보지 못했을 수도 있었기에. 마지막으로 17년간 내 곁을 지켜준 아내 연주, 그리고 책 쓴다는 이유로 아빠 노릇을 제대로 못 해도 불평 한마디 없었던 영환, 영훈에게도.

　이제 마침표를 찍는다. 그리고 출발점으로 돌아간다. 아니 시작과 마침이 다르지 않으니 돌아간다는 말은 적절치 않다. 계속 그 자리에서 회귀하고 있다고 말하는 편이 옳을 것이다. 뭔가 새로운 걸 만들어보려고 꿈틀거리면서 말이다. 다른 데로 가는 거라면 모를까, 그 자리에서 회귀하면서 뭔가를 해보려 하는 것이니, 내가 한 일에 대한 책임을 벗어날 길이 없다. 모든 게 내 책임이다.

2012년 5월
그 연못가 그 언덕에서

찾아보기

마이너리거를 위한 철학 여행
내 삶의 주인이 되기 위한 8가지 질문

펴낸날   초판 1쇄   2012년 5월 30일
           초판 2쇄   2012년 10월 15일

지은이   최준호

펴낸이   김직승
펴낸곳   책세상
주소   서울시 마포구 신수동 68-7 대영빌딩(121-854)
전화   02-704-1251(영업부), 02-3273-1333(편집부)
팩스   02-719-1258
이메일   bkworld11@gmail.com
홈페이지 www.bkworld.co.kr
등록   1975. 5. 21. 제1-517호

ISBN   978-89-7013-811-4   03100